公路隧道纤维混凝土衬砌关键技术

袁 松　张 生　王希宝
李 杰　廖沛源　张廷彪　◎ 著

西南交通大学出版社
·成 都·

图书在版编目（CIP）数据

公路隧道纤维混凝土衬砌关键技术 / 袁松等著. —成都：西南交通大学出版社，2022.12
ISBN 978-7-5643-9041-9

Ⅰ.①公… Ⅱ.①袁… Ⅲ.①寒冷地区－公路隧道－纤维增强混凝土－混凝土衬砌 Ⅳ.①U455.4

中国版本图书馆 CIP 数据核字（2022）第 240034 号

Gonglu Suidao Xianwei Hunningtu Chenqi Guanjian Jishu
公路隧道纤维混凝土衬砌关键技术

袁 松 张 生 王希宝 著
李 杰 廖沛源 张廷彪

责 任 编 辑	韩洪黎
封 面 设 计	吴 兵
出 版 发 行	西南交通大学出版社
	（四川省成都市金牛区二环路北一段 111 号
	西南交通大学创新大厦 21 楼）
发行部电话	028-87600564　028-87600533
邮 政 编 码	610031
网　　　址	http://www.xnjdcbs.com
印　　　刷	四川煤田地质制图印务有限责任公司
成 品 尺 寸	170 mm × 230 mm
印　　　张	9.5
字　　　数	184 千
版　　　次	2022 年 12 月第 1 版
印　　　次	2022 年 12 月第 1 次
书　　　号	ISBN 978-7-5643-9041-9
定　　　价	58.00 元

图书如有印装质量问题　本社负责退换
版权所有　盗版必究　举报电话：028-87600562

前言

随着新一轮西部大开发的推进和"一带一路"倡议的推动，我国广大西部高原地区的公路、铁路、航空、水利、电力、通信等基础设施得到了又好又快的建设，高寒地区公路隧道技术研究进入了一个新的阶段。高寒高海拔公路隧道主要集中在青藏高原，50%以上的隧道位于海拔3000 m以上，仅四川海拔超过3800 m的公路隧道就超过14座。高原冻土等特殊地质条件，使工程施工面临前所未有的复杂环境和巨大挑战。尽管地形地质、气候条件复杂诱发多种问题，但是"要致富，先修路"的观念深入民心，交通作为经济发展的"先行官"，可适度超前发展。

交通运输部计划"十四五"时期新建通车公路30.2万km，其中新建高速公路2.9万km；加快出疆入藏大通道战略性重大项目的建设；完善干线路网服务功能，打通沿边国道G219和G331，实施川藏、新藏、滇藏、青新、甘新等公路提质改造以及涉藏州县、南疆四地州内通外联干线通道建设。这些高寒高海拔区域交通项目，隧道占比都很高。

四川省西部涉藏地区面积占全省总面积的49%，为青藏高原的组成部分，海拔一般在3000 m以上，公路项目众多，其地形起伏剧烈、地质构造复杂、地震频发、气候恶劣。四川省建成或在建的一大批高原高海拔公路，其隧道占比也越来越高，例如雅康高速隧道占比53%、映汶高速隧道占比54%、汶马高速隧道占比54%。典型的高海拔隧道从2002年建成的海拔2200 m的二郎山隧道到2017年建成的海拔4400 m的雀儿山隧道。高寒隧道在建设方面取得了一定的成绩，但也存在一些问题，主要是高寒隧道衬砌耐久性问题，需要对设计、施工等进行规范性指导。自 2009 年以来，在四川省交通运输厅的大力支持下，立项相关科研课题进行专题研究，高寒隧道建设体系逐步完善，并取得了良好的应用效果，有效保障了公路的运营安全。我们隧道工程设计研究团队在长期从事高寒隧道勘察设计、工程咨询、病害整治及科学研究的基础上，结合十余年的工程实践与科研，总结形成了《公路隧道纤维混凝土衬砌关键技术》一书。本书是高寒公路隧道设计重要的参考书，建立在大量的工程实践经验和科研成果的坚实基础之上，同时符合国家现行规范的规定和要求，具有较好的系统性、全面性和可靠性。本书从设计者的角度出发，旨在将高寒隧道纤维混凝土冻融各环节说清楚，将室内试验和现场试验所形成的冻融当量关系讲明白，具有很好的实用性和参考性。

全书共分为六章。第一章介绍了纤维混凝土的应用现状及相关技术未来的发展趋势；第二章阐述纤维混凝土基础研究，介绍混凝土配合比设计、抗压强度试验和纤维初选；第三、四章分别从室内试验、现场试验介绍纤维混凝土冻融试验；第五章详细介绍了纤维混凝土冻融损伤理论；第六章对纤维种类及掺量对混凝土抗压强度的影响、最优纤维种类选取、最优纤维掺量、冻融循环对纤维混凝土力学性能的影响、纤维混凝土的抗冻机理等研究结论进行了总结。

本书在撰写过程中得到了四川省交通运输厅、四川省交通勘察设计研究院有限公司的大力支持和帮助，在此表示诚挚的感谢。

鉴于作者水平和经验的局限性，疏漏和不足之处在所难免，敬请广大读者批评指正。

作　者
2022 年 7 月 27 日

目 录

第1章 绪 论 ········· 001
1.1 研究背景 ········· 001
1.2 研究现状 ········· 002
1.3 研究问题 ········· 009

第2章 基础研究 ········· 011
2.1 混凝土配合比设计 ········· 011
2.2 混凝土抗压强度试验 ········· 016
2.3 纤维材料初选 ········· 020

第3章 室内试验研究 ········· 022
3.1 纤维种类试验研究 ········· 022
3.2 纤维掺量试验研究 ········· 076
3.3 冻融循环对纤维混凝土力学性能的影响研究 ········· 104

第4章 现场试验研究 ········· 121
4.1 现场环境及试件制作 ········· 121
4.2 试验设备及方法 ········· 123
4.3 现场冻融循环试验结果与分析 ········· 124

第5章 纤维混凝土冻融损伤理论 ········· 125
5.1 冻融损伤本构模型 ········· 126
5.2 现场混凝土冻融耐久性预测初探 ········· 134
5.3 小 结 ········· 135

第6章 结 论 ········· 137

参考文献 ········· 140

【第1章】 >>>>
绪 论

1.1 研究背景

混凝土自19世纪末被发明以来,便由于其原料易得、可塑性好、综合能耗较低等优点而被迅速应用于土木行业。随着社会经济的持续增长,基础设施的广泛修建,混凝土已发展成当今世界上应用最为广泛的建筑材料。强度和耐久性是评价混凝土性能的两大指标。在混凝土发展初期,人们更多的是关注其强度问题,相对而言耐久性并未得到足够的重视。1987年,美国国家材料顾问委员会提交的研究报告指出,约25.3万座混凝土桥梁的桥面板,其中部分仅使用了不到20年便发生了不同程度的损坏,远低于40~50年的设计寿命[1]。这一报告使混凝土结构耐久性问题在世界范围内引起轰动,随后,大量关于混凝土耐久性的研究被许多学者提出,也促使了混凝土理论和技术的快速发展。

混凝土抗冻性作为其耐久性的一项重要指标,一直以来广受人们的关注与重视。一般而言,当混凝土内部含水率较高且处于正负温交替环境中时,混凝土均会承受冻融循环作用,甚至引起混凝土结构物的冻融破坏,这一现象在我国广泛存在,而在我国"三北地区"(华北、东北、西北)、西南高山等高寒地区,混凝土冻融破坏现象尤为突出[2]。调查发现,对于水工建筑物,几乎所有工程都遭受了不同程度的冻融破坏,此外,桥梁结构、隧道等水泥混凝土结构也遭受着不同程度的冻融破坏[3]。据统计,仅在我国东北和西北地区就有 33 座铁路隧道和多座公路隧道遭受不同程度的冻害[7]。这些冻害问题都将直接威胁到隧道结构及行车安全，造成严重的经济损失。因此，在寒区隧道中采取有效措施，避免或减轻冻害的发生显得尤为重要[8]。

国道 318 线上海至樟木口岸公路甘孜境段（又称"川藏公路"或"川藏南线"），是我国 8 条西部开发省际公路通道之一，是四川通往西藏的重要通道，不但承担着区域间的客货运输，同时也是一条重要的国防战备通道。但由于东俄洛至海子山段处于高海拔地区，地形地质条件复杂，公路病害多，加之没有相对大的投入，整体路况差，通行能力弱，难以保障车辆正常通行。因此，加快该路段的改造对保障川藏公路通畅，巩固边防，完善区域干线路网，提高运输效率具有十分重要的意义。

该段地理位置特殊，基本处于高海拔地区，剪子湾山隧道及脱洛拉卡山隧道洞口海拔均在 4000 m 以上，是目前国内已建或在建项目中少数几座海拔超过 4000 m 的隧道之一。隧道衬砌结构在这类地区将面临反复的冻融循环作用，当冻融循环达到一定次数后，将有可能在衬砌结构内萌生新的孔裂隙或促使原有孔裂隙生长、扩张，逐步降低材料的力学性能，使得混凝土表面剥落，这将会引发一系列不利影响（如加速混凝土碳化、钢筋锈蚀等），进一步加深材料的冻害，从而使结构陷入恶性循环，其耐久性难以得到保证，严重影响工程的使用安全及寿命。目前，国内外学者虽然提出了许多的防冻措施，然而通过调查发现，仅采用防冻保温措施并不能根绝隧道冻害现象。因此，在隧道采用防冻措施的同时开展对衬砌材料性能的研究，提高材料的抗冻性能，对保障混凝土结构的安全运营具有重要意义。

1.2 研究现状

1.2.1 纤维混凝土抗冻理论研究

1. 混凝土冻融破坏理论

混凝土冻融破坏是国内外研究较早的课题，虽然对混凝土冻融破坏机理尚有争议,但一般认为,混凝土的冻融是一个物理作用过程[12]。目前比较经典的冻融破坏理论主要是静水压理论、渗透压理论等。

研究初期,人们主要是通过水结冰后体积膨胀约 9%这一自然现象来解释冻融破坏,这一时期主要是 1944 年 Collins[13]提出的"冰晶体膨胀"理论,但实验研究却表明混凝土含水饱和度低于 91%时,仍有可能发生冻融破坏,因此这一理论并未得到广泛接受。而在 1945 年 Powers[15]则提出了静水压理论,后来在 1953 年 Powers 与 Helmuth[16]一起又针对混凝土的冻融破坏机制提出了渗透压理论,这两种理论是目前较为完善的混凝土冻害机理。这两种理论均认为混凝土在受冻过程中内部总存在着水分迁移的现象,静水压理论认为混凝土孔裂隙中的自由水受冻结冰膨胀后迫使周围自由水向结冰体外围扩展,从而形成静水压力,对混凝土产生破坏;而渗透压理论则认为自由水结冰后,混凝土内部孔溶液会存在浓度差,使得周围自由水向结冰体迁移,形成渗透压力。这两种理论无论哪一种占据主导地位,其内部均存在着水分迁移,由此可见水分迁移是造成混凝土受冻损伤的主要原因[14]。国内部分学者则从理论计算及客观存在的试验现象出发来论证静水压、渗透压的大小,最后得出静水压是混凝土冻害的主要因素[14]。瑞士学者 Fagerlund[17, 18]认为混凝土受冻后是否破坏取决于水泥浆体中是否含水、含水量以及水结冰过程中能否产生足够应力破坏水泥石基体,从而在 1975 年提出了"临界饱水度"理论,即是说混凝土能够容纳的可冻结水含量存在一个临界值,当内部含水量未达到临界值时,即便出现冻害环境,混凝土也不会发生冻害,而当达到临界值后,混凝土将会发生冻融破坏。其他学者如 Litvan[19]还提出了气动受阻理论,苏联学者[57]根据混凝土受冻现象学观点提出了相关的冻融理论等。

2. 基于现象学的混凝土冻融损伤理论

2006 年,唐光普[20]在蔡浩的基础上忽略了混凝土的初始损伤,并以混凝土动弹模损失 40%所对应的冻融循环次数为人为规定的疲劳寿命,得到了在冻融循环作用下,混凝土的疲劳损伤演化方程,如式(1-2-1)所示。

$$D = 1 - \left[1 - \frac{N}{N_{0.4}}(1 - 0.6^{\xi+1})\right]^{\frac{1}{\xi+1}} \quad (1\text{-}2\text{-}1)$$

式中：D——损伤变量；

N——冻融循环次数；

$N_{0.4}$——冻融循环疲劳寿命；

ξ——材料参数。

洪锦祥[21]等通过试验及数据回归分析得到了冻融循环后混凝土的抗折、抗压剩余强度与损伤度之间的关系，如式（1-2-2）、式（1-2-3）所示。

$$f_{r,res} = e^{-D/t} \cdot f_r \quad (1\text{-}2\text{-}2)$$

$$f_{c,res} = (1 - D) \cdot f_c \quad (1\text{-}2\text{-}3)$$

式中：$f_{r,res}$、$f_{c,res}$——混凝土冻融后的抗折、抗压剩余强度；

f_r、f_c——混凝土冻融前的抗折、抗压强度；

t——回归系数。

贺东青[22]等通过冻融前后混凝土动弹性模量的比值与冻融循环次数的关系，推导出了层布式纤维混凝土的冻融损伤演化方程，如式（1-2-4）所示。

$$D = b \cdot e^{cN} \quad (1\text{-}2\text{-}4)$$

式中：b、c——由试验确定的常数。

3. 冻融环境下混凝土结构耐久性定量化设计

目前，国内外以快速冻融循环试验为基础已经累积了许多标准的室内冻融试验数据，然而混凝土冻融破坏受许多因素影响，室内冻融环境与工程现场所处环境差异巨大，室内的标准冻融试验数据难以直接应用于现场混凝土的冻融耐久性预测[23]。如何确立现场冻融与室内冻融之间的关系，开展混凝土的抗冻性定量化设计一直困扰着人们。1996年，以 A. Sarja 和 E. Vesikari 为首的材料及结构实验室国际联合会组织了多个国家的混凝土专家，共同编写了《混凝土结构耐久性设计》一书，初步提出了混凝土耐久性定量化设计方法[27]。

我国许多学者在混凝土抗冻性定量化设计方面也做了许多工作,李金玉[24]等在20世纪90年代末通过国家"九五"攻关项目"重点工程混凝土安全性研究",以北京十三陵抽水蓄能电站为工程背景,通过室内快速冻融循环试验机现场冻融循环试验,建立了室内外相对动弹性模量的关系,指出室内一次快速冻融循环相当于自然条件下12次冻融循环。刘西拉[23]等则认为室内外冻融温度差异的本质是在混凝土内部进行恒幅周期性静水压加载和随机多级静水压加载之间的差异,并在Miner[25]线性损伤累积法则的基础上,得到了室内外冻融循环次数之间的关系,并给出了室内外冻融的关键参数κ的计算方法。武海荣[26]等通过研究现场环境下冻融循环次数与室内快冻条件下的冻融循环次数的等效关系,以及对全国混凝土结构冻融环境进行耐久性区域等级划分,给出了混凝土抗冻寿命预测的概率方法。

1.2.2 纤维混凝土抗冻试验研究

1. 钢纤维混凝土

早在1911年,美国Graham曾把钢纤维掺入普通混凝土中,得到了其可以提高混凝土的强度及稳定性的结论[28]。随后在20世纪40年代,欧美等许多国家也先后发明了许多有关钢纤维增强混凝土结构方面的专利。1969年,美国批准了"混凝土与钢材组成的二相材料"专利,为现今钢纤维混凝土技术奠定了基础[29]。相比发达国家,我国的钢纤维混凝土起步较晚,但相较于其他纤维混凝土,钢纤维混凝土是我国研究较早、较为成熟的纤维混凝土。

谢晓鹏[30]等研究了在冻融循环作用下钢纤维混凝土的基本力学性能,其研究结果表明:随着钢纤维体积率的增加,钢纤维混凝土的抗压、劈拉、抗折强度得到提高。相对于钢纤维混凝土的抗压强度,钢纤维对混凝土在冻融循环作用下的抗拉、抗折强度改善更为明显。

Ru Mu[31]等研究了混凝土与钢纤维混凝土在荷载、冻融循环、水或氯盐溶液共同作用下的劣化规律,其研究结果表明:相比水溶液,混凝土在氯盐环境下其表面损伤更为严重，质量损失率也明显增大；但是由于氯盐溶液的冰点更低，混凝土动弹性模量的下降速度却要缓一些。同时也指出，在高应力比作用下，混凝土抗冻能力明显下降，而且当钢纤维体含量达到 1.5%时，钢纤维混凝土的损伤累积会明显降低。牛荻涛[32,33]等也得到了类似的结论，即掺量为 1.5%时钢纤维对混凝土的抗冻性能改善效果最好。他们还通过压泵法及 SEM（扫描电子显微镜）从微观上研究了钢纤维混凝土的孔径分布特征，其认为在混凝土中掺入适量的钢纤维能够减小混凝土内部孔隙率、增加密实度，阻止混凝土内部微裂纹的产生与发展，从而提高混凝土的抗冻性能。

高丹盈等也通过试验探讨了在冻融环境下钢纤维混凝土的力学性能[34]以及与老混凝土黏结面的劈拉性能[35,36]。其研究指出：① 当冻融循环次数较少时，钢纤维对混凝土的劈拉、抗折强度的增强作用比较明显，但当冻融循环次数较大且钢纤维掺量较高时，钢纤维对混凝土的劈拉及抗折强度反而产生负面影响。② 由于部分钢纤维在界面剂的作用下伸入老混凝土表面，且与老混凝土黏结良好，从而提高了黏结强度；然而黏结面的劈拉强度随冻融循环次数的增加急剧降低，其下降程度与黏结面的特征有很大的关系；在一定范围内，随钢纤维体积率的增加，黏结面的抗冻劈拉强度不断提高。

2. 无机非金属纤维混凝土

目前，用于增强混凝土性能的无机非金属纤维主要包括碳纤维、玻璃纤维、玄武岩纤维等。相对于钢纤维混凝土，无机非金属混凝土的发展相对较晚，但由于其具有高强度、高弹模、高性能等优良性能而广受工程界重视。相比其他纤维，将无机非金属纤维作为原材料掺入混凝土基体中，直接研究无机非金属纤维混凝土的抗冻性较少，而是将其制作成纤维布、纤维板等形式用于加固混凝土结构，从而研究这样一种加固形式抵抗冻融的能力。

徐东宇[37]等将碳纤维掺入水泥中，并研究了该复合材料在冻融作用下的抗压强度，并指出碳纤维质量分数掺量为 0.2%时有较好的抗冻能力。谢永亮[38]与李文哲[39]等研究了玄武岩纤维对机场道面混凝土抗冻性能的影响，两者结果均表明，在混凝土中掺入玄武岩纤维可明显提高混凝土的抗冻能力。何军拥[40]等也指出在掺量基本相同的情况下，玄武岩纤维与聚丙烯纤维混凝土的耐久性大体一致。

纤维增强塑料（Fiber Reinforced Plastics，FRP）加固混凝土结构是 20 世纪 80 年代由德国、瑞士等发达国家所兴起的混凝土修补技术，由于其具有高强高效、防腐耐久等特点而被工程界广泛采用[41]。由于在寒冷地区，混凝土结构性能劣化较快，往往需要对其进行加固修补，然而 FRP 复合材料加固混凝土结构的抗冻耐久性受混凝土的抗冻能力、FRP 抗冻能力，以及两者之间的黏结抗冻能力的影响。因此，学者们开展了许多这方面的研究，并得到了不少有益的结论。张勇[42]与陈建伟[43]通过试验研究指出：未经冻融的试件经过碳纤维（玄武岩纤维）加固后，其开裂荷载及极限荷载均得到了明显提高，且碳纤维提高幅度更大；由于冻融循环对纤维和混凝土之间的黏结产生了不利影响，使得 FRP 加固混凝土试件在经受 50 次冻融循环后，承载力有较大下降。任慧韬[44]等研究了冻融循环对玻璃纤维布材料、玻璃纤维布与混凝土黏结强度的影响，其研究结果表明：玻璃纤维布在经过冻融循环作用后，抗拉强度下降，极限变形降低，但弹性模量无明显变化；由于混凝土在受冻后，其内部产生了许多微裂纹而导致玻璃纤维布与混凝土的剪切黏结强度明显下降。同时也指出：冻融循环虽然对加固混凝土的受力性能有不利影响，但在正常使用极限状态下，纤维布与混凝土黏结良好，其加固效果仍有一定保障[44, 45]。王苏岩[46]等则研究了冻融环境下 CFRP-高强混凝土的抗剪性能，并指出随着冻融循环次数的增加，CFRP-高强混凝土的黏结强度加速下降，在相对较低的荷载水平下便发生剥离现象。

3. 合成纤维混凝土

合成纤维是将人工合成的线型聚合物，经过一系列处理后得到的化学纤维，按其化学结构可分为碳链合成纤维与杂链合成纤维。而用于混凝土的纤维主要是碳链合成纤维（聚丙烯纤维、聚乙烯醇纤维、聚丙烯腈纤维等），目前，在混凝土抗冻方面（改性）聚丙烯纤维混凝土的研究相对较多，而其他合成纤维混凝土抗冻研究较少。

乔匡义[47]通过大量的试验研究，对比了 PVA（聚乙烯醇）纤维混凝土与普通混凝土的抗渗、抗冻性能（慢冻法）的差异，PVA 纤维混凝土的抗渗、抗冻性能均优于普通混凝土。姚武[48]等人研究了聚丙烯腈纤维高强混凝土的抗冻融性能，研究结果指出：掺入聚丙烯腈纤维后能够明显提高混凝土的抗冻性能，而且当纤维掺量为 0.1% 时，聚丙烯腈纤维混凝土的抗冻性能得到大幅提高；500 次冻融循环后，素混凝土的相对动弹性模量仅有 63.0%，而掺 0.1% 的纤维混凝土的相对动弹性模量仍有 98.9%。

程红强等[49]研究了不同掺量的聚丙烯纤维混凝土的抗冻性能，并与普通混凝土进行了对比，试验结果表明：加入聚丙烯纤维能有效提高混凝土抗冻性能。英国学者 Richardson 等[50]通过系列试验也得到了在混凝土中掺入聚丙烯纤维能够起到引气的作用，其抗冻融耐久性明显优于普通混凝土。王玲等[51]通过大量系统试验也得出了在混凝土中掺入一定量的聚丙烯纤维，可以提高其耐久性。李双[52]等人则指出某些性能的聚丙烯纤维的掺入不但不能提高混凝土的抗冻性能，反而会使其有所降低。谢国梁[53]等人将粉煤灰及纤维同时掺入混凝土中使其变成三相复合材料，研究结果表明：纤维、粉煤灰的掺入能明显提高混凝土的抗冻融循环能力。Peng Zhang[54]等则将聚丙烯纤维掺入粉煤灰-硅灰混凝土中，并研究了冻融环境下不同纤维掺量的聚丙烯纤维-粉煤灰-硅灰混凝土与粉煤灰-硅灰混凝土的不同，研究结果表明：纤维掺入后会降低混凝土的工作性能，但掺入纤维后纤维-粉煤灰-硅灰混凝土的抗冻融能力明显优于粉煤灰-硅灰混凝土。

4. 植物纤维混凝土

植物纤维是以植物为原料，经一系列独特的化学处理和机械加工而成，当前用于建筑材料的植物纤维主要是纤维素纤维。由于纤维素纤维是从植物中提取而出，其自身便具有卓越的亲水性能，掺入混凝土后，其表面黏结着大量的水泥浆体颗粒，能够大幅增强混凝土与纤维间的握裹力。由于纤维素纤维是近年来才发展起来的高性能纤维，因此有关纤维素纤维混凝土的抗冻性能研究较少。目前，国内公开发表的纤维混凝土文献中仅邓宗才[55-57]研究了纤维素纤维混凝土的抗冻性能。邓教授的课题组研究了不同掺量的纤维素纤维混凝土的抗冻性能，并与聚丙烯纤维混凝土的抗冻性能进行了比较，其研究结果表明：纤维素纤维可以显著改善混凝土的抗冻性能，且随着冻融循环次数的增加，其增强效果越明显；相比聚丙烯纤维混凝土，纤维素纤维混凝土的抗冻性能更优；同时还指出：纤维掺量为 0.9 ~ 1.3 kg/m^3 时，几种纤维掺量的混凝土抗冻性相差不大，因此建议使用经济掺量 0.9 kg/m^3。

1.3 研究问题

1.3.1 主要研究内容

本书拟以国道 G318 线东俄洛至海子山段公路改建工程中洞口海拔 4000 m 以上的剪子湾山隧道以及脱洛拉卡山隧道为依托，采用文献调研、现场试验、室内试验、理论分析相结合的手段，对高寒隧道纤维混凝土抗冻防裂技术进行研究，提出适用于高寒隧道衬砌的纤维混凝土及相关配合比，为高寒地区公路隧道抗冻防裂型衬砌的修筑提供参考。

本书主要研究内容包括：

（1）针对前期调研，提出高寒地区隧道衬砌抗冻防裂技术要求；

（2）通过纤维混凝土的冻融循环试验找出适用于隧道衬砌的纤维混凝土类型；

（3）通过冻融循环试验，找出最优的纤维掺量；

（4）通过纤维混凝土冻融试验，测定混凝土的抗压及劈裂抗拉强度，并研究其相关规律；

（5）对纤维混凝土的抗冻防裂性能的影响因素进行研究，并对其抗冻防裂机理进行初步探讨；

（6）结合依托工程，提出高寒地区抗冻、防裂的设计要求，为进一步形成纤维混凝土抗冻防裂型隧道衬砌设计理论体系打下基础。

1.3.2 研究方法

本书主要采用室内试验、现场试验、理论分析等三大主要研究手段进行研究，主要研究方法如下：

1. 室内试验

通过室内试验进行不同纤维混凝土的冻融循环试验及相关配合比试验，得到抗冻性能最优纤维混凝土纤维种类及掺量；通过研究冻融循环后最优纤维混凝土的力学性能损失，进一步深入研究纤维混凝土的抗冻性能。

2. 现场试验

通过在现场研究不同种类及掺量的纤维混凝土的抗压强度，与室内试验形成对比、相互验证；同时通过现场冻融循环试验与室内相关试验的对比，获取相关设计参数。

3. 理论分析

在室内外冻融循环、强度测试等试验的基础上，进一步分析纤维混凝土的冻融损伤规律及室内外等效系数，为今后进一步深入研究奠定基础。

【第2章】>>>>
基础研究

2.1 混凝土配合比设计

2.1.1 设计目标及依据

1. 设计要求

根据目前工程常用混凝土情况及实验室内实际情况,本次试验设计的主要要求如下:

(1)设计要求:混凝土强度等级 C30,目标坍落度 160~220 mm;

(2)设计目的:为室内冻融循环及相关试验的试件浇筑做准备。

2. 设计参考规范

(1)《普通混凝土配合比设计规程》(JGJ 55—2000)。

(2)《普通混凝土力学性能试验方法标准》(GB/T 50081—2002)。

(3)《普通混凝土拌合物性能试验方法标准》(GB/T 50080—2002)。

(4)《纤维混凝土试验方法标准》(CECS 13—2009)。

2.1.2 试验用原材料

1. 室内试验原材料

(1)水泥:峨胜牌普通硅酸盐水泥,强度等级为 P·O42.5R;

(2)粗骨料:碎石,最大粒径为 16 mm;

(3)细骨料:细河砂,细度模数 1.70(图 2-1-1);

图 2-1-1 砂、石颗粒级配测试

（4）水：实验室市政用水；

（5）外加剂：永拓牌高性能减水剂；

（6）纤维：聚丙烯纤维、聚乙烯醇纤维、纤维素纤维（CTF-960）。

2. 现场试验原材料

（1）水泥：兆山新星集团有限公司，普通硅酸盐水泥，强度等级为 P·O42.5R；

（2）粗骨料：隧道出口料场，5~31.5 mm 碎石；

（3）细骨料：理塘沙石料场，0.075~4.75 mm 河砂；

（4）水：普通市政用水；

（5）外加剂：减水剂（图 2-1-2）；

图 2-1-2 引气型高效减水剂

（6）纤维（图 2-1-3）：聚丙烯纤维、聚乙烯醇纤维、纤维素纤维（CTF-960），其性能指标如表 2-1-1 所示。

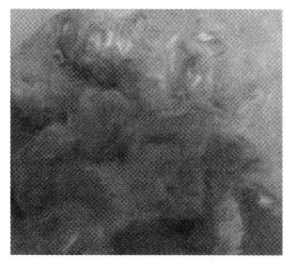
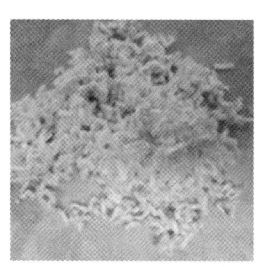

（a）聚丙烯纤维　　　（b）聚乙烯醇纤维　　　（c）纤维素纤维

图 2-1-3　试验选用纤维

表 2-1-1　试验用纤维的基本参数

纤维种类	平均长度/mm	标称直径/μm	抗拉强度/MPa	弹性模量/GPa	比重/（g/cm³）	比表面积/（cm²/g）
聚丙烯	3~30	10~40	500~700	3.5	1.099	—
聚乙烯醇	12	14	1600	35	—	—
纤维素	2.1	18	960	8.5	1.109	24900

2.1.3　实验室初步配合比计算

1. 施工配制强度

$$f_{cu,0} = f_{cu,k} + 1.645\sigma_0 \quad (2-1-1)$$

式中：$f_{cu,0}$——混凝土的配制强度（MPa）；

$f_{cu,k}$——混凝土的设计强度（MPa）；

σ_0——混凝土的强度标准差（MPa）。

根据规范查取强度标准差：C30 强度标准差为 5 MPa，由式（2-1-1）计算得到 C30 混凝土配制强度为 38.2 MPa。

2. 初步确定水灰比（W/C）

$$\frac{W}{C} = \frac{\alpha_a f_{ce}}{f_{cu,0} + \alpha_a \alpha_b f_{ce}} \quad (2-1-2)$$

式中：α_a、α_b——回归系数；

f_{ce}——水泥28 d抗压强度实测值（MPa），一般可按 $f_{ce}=\gamma_c f_{ce,g}$ 计算。

由于所用粗集料为碎石，由《普通混凝土配合比设计规程》（JGJ 55—2000）表 5.0.4 可知：$\alpha_a=0.46$、$\alpha_b=0.07$，由式（2-1-2）计算得到 C30 混凝土水灰比为 0.494，满足抗冻混凝土配合比设计要求最大水灰比 0.5，所以暂取水灰比为 0.5。

3. 确定单位用水量（W）

单位用水量根据《普通混凝土配合比设计规程》（JGJ 55—2000）表 4.0.1-2，按粒径为 20 mm 的碎石取值，但表中所给单位用水量适用的最大坍落度值为 90 mm，无法达到设计目标。因此在坍落度 90 mm 的用水量基础上，按坍落度每增大 20 mm 用水量增加 5 kg，计算出未掺外加剂时的混凝土用水量，即

$$W = 215 + (170 - 90) \times 5/20 = 235 \text{ kg/m}^3$$

4. 确定砂率

砂率根据《普通混凝土配合比设计规程》（JGJ 55—2000）表 4.0.2，按粒径为 20 mm 的碎石、水灰比 0.5 取值，但表中所给砂率适用的坍落度最大值为 60 mm，无法达到设计目标。因此在表中所给值的基础上，按坍落度每增大 20 mm，砂率增大 1%的幅度予以调整。即

$$\frac{S}{S+G} = 37 + (180-60)/20 \times 1\% = 43\%$$

5. 确定单位水泥用量

用初步确定的水灰比（W/C）及单位用水量（W）计算出混凝土的单位水泥用量。按式（2-1-3）计算得出 C30 单位混凝土水泥用量为 470 kg，符合耐久性要求的最小水泥用量 300 kg。

$$C = \frac{W}{W/C} \qquad (2\text{-}1\text{-}3)$$

6. 计算 1 m³ 混凝土中砂子（S）和石子（G）的用量（采用质量法）

已知 C30 混凝土的单位用灰量、单位用水量、砂率，假定 1 m³ 新拌混凝土的质量恰好等于各组成材料用量之和，$\rho \approx 2380$ kg/m³。根据式（2-1-4）和式（2-1-5）得：C30 混凝土细集料用量为 720 kg/m³，粗集料用量为 955 kg/m³。

$$C + W + S + G = \rho \tag{2-1-4}$$

$$\frac{S}{S+G} = 0.43 \tag{2-1-5}$$

2.1.4　掺减水剂后混凝土的配合比设计

该配合比设计的主要目的是提高混凝土的强度及耐久性。其基准混凝土各种材料用量、配合比参数如前所述，取水泥用量不变，掺减水剂后混凝土的各种材料用量可用公式（2-1-6）计算。

$$\begin{cases} C' = C \\ W' = W(1-\alpha) \\ S' + G' = \rho - C' - W' \\ 减水剂用量 = C' \times b \end{cases} \tag{2-1-6}$$

式中：α——减水剂的减水效率（%）;
　　　b——减水剂掺量（%）。

本系列试验所用外加剂为永拓牌高性能减水剂，其减水效率为 20%，根据实际情况其减水剂用量 $b = 2.0\%$。按式（2-1-6）计算得 C30 基准配合比为

$$C : W : S : G : M_{外} = 470 : 188 : 723 : 999 : 9.4$$

拌制混凝土拌和物并进行混凝土和易性试验，试验测定其坍落度值为 195 mm，无分崩离析现象，坍落度桶提起后，有少量稀浆自底部析出，其黏聚性与保水性良好，满足设计要求。

为了缩短试验时间，本次试验以基准配合比为基础，同时拌制 3 种配合比，进行强度试验，并绘制强度-水灰比曲线，从而得到满足要求的配合比。因此，在上述基准配合比的情况下水灰比分别增加和减少 0.05，得到如表 2-1-2 所示的 3 种不同配合比。

表 2-1-2　C30 混凝土配合比

强度等级	水灰比	水泥/kg	水/kg	砂/kg	碎石/kg	减水剂/kg
C30	0.44	427	188	724	1041	8.54
C30	0.4	470	188	723	999	9.4
C30	0.36	522	188	685	985	10.44

2.2　混凝土抗压强度试验

2.2.1　试件制作与养护

本节试验的试件制作、试验方法主要依据《普通混凝土配合比设计规程》(JGJ 55—2000)及《普通混凝土力学性能试验方法标准》(GB/T 50081—2002)等试验规范。试件制作在四川大学江安校区土木结构实验室完成，混凝土采用 HJW-60 型强制搅拌机拌和。实验室混凝土拌制程序为：依次放入细骨料、水泥、粗骨料，开机搅拌 20 s；加入水和减水剂，搅拌 1 min。出料后人工进行适当搅拌，采用人工与振动台共同振捣。经一至两昼夜后，脱模放入标准养护室养护[养护温度(20±2)°C，湿度大于 95%]，养护至规定龄期后进行抗压强度试验。

2.2.2　试件类型

本次试验主要包括 3 组不同配合比的混凝土抗压强度试验，试验试件尺寸及个数见表 2-2-1。

表 2-2-1　试验试件概况

强度等级	水灰比	试件尺寸/cm	试件组数/组	每组个数/个
C30	0.44	15×15×15	3	3
C30	0.4	15×15×15	3	3
C30	0.36	15×15×15	3	3

2.2.3　试验方法及过程

本试验所用设备主要为 200 t 电液伺服压力试验机（图 2-2-1），主要试验过程为:将立方体试件成型侧面做承压面并使其与试验机上下压板轴心对齐,控制加载速度为 11.3 kN/s(约 0.502 MPa/s),直至试件破坏,并记录破坏时压力机数值。

立方体试件抗压强度按公式(2-2-1)计算。

(a)压力机加载系统

(b)压力机控制系统

图 2-2-1　200 t 电液伺服压力试验机

$$f_c = \frac{F}{A} \tag{2-2-1}$$

式中:f_c——混凝土立方体试件抗压强度(MPa);

　　　F——试件破坏荷载(N);

　　　A——试件承压面积(mm^2)。

混凝土立方体抗压强度计算值应精确至 0.1 MPa。以 3 个试件测值的算术平均值作为该组试件的强度值(精确至 0.1 MPa);3 个试件的测值中的最大值或最小值如有一个与中间值的差值超过中间值的 15%,则把最大及最小值一并舍除,取中间值作为该组试件的抗压强度值;如最大值和最小值与中间值的差值均超过中间值的 15%,则该组试件的试验结果无效。

2.2.4　试验结果与分析

试件加载后,竖向发生压缩变形,水平向为伸长变形。但试件的上、下端因受到加载压头的约束而横向变形小，中部的横向膨胀变形最大。随着荷载或试件应力的增大，试件的变形逐渐增加。试件接近破坏前，首先在试件高度的中央及靠近侧表面的位置上出现竖向裂缝，然后逐渐延伸，并由表层向混凝土内部扩展，表层混凝土开始剥落，最终形成正倒相接的四角锥破坏形态，如图 2-2-2 所示。

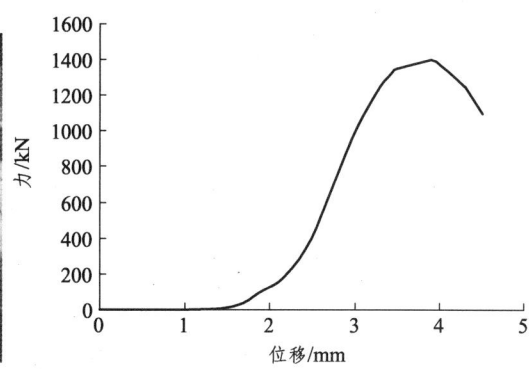

（a）混凝土破坏情况　　　　（b）典型的混凝土抗压力-位移曲线

图 2-2-2　混凝土抗压强度试验

通过抗压强度试验测得各个试件的抗压强度值如表 2-2-2 ~ 表 2-2-4 所示。

表 2-2-2　28 d 混凝土抗压强度值（$W/C = 0.44$，坍落度为 200 mm）

编号	试件尺寸/cm	受压面积/cm²	破坏荷重/kN	极限抗压强度/MPa	代表值/MPa
1-1	15×15×15	225	1087	48.3	
1-2	15×15×15	225	1022	45.4	**44.7**
1-3	15×15×15	225	909.5	40.4	
2-1	15×15×15	225	1030	45.8	
2-2	15×15×15	225	940.5	41.8	**44.9**
2-3	15×15×15	225	1063	47.2	
3-1	15×15×15	225	1207	53.6	
3-2	15×15×15	225	1243	55.2	**53.7**
3-3	15×15×15	225	1174	52.2	

表 2-2-3　28 d 混凝土抗压强度值（$W/C = 0.4$，坍落度为 195 mm）

编号	试件尺寸/cm	受压面积/cm²	破坏荷重/kN	极限抗压强度/MPa	代表值/MPa
1-1	15×15×15	225	1373	61.0	**58.7**
1-2	15×15×15	225	1234	54.8	
1-3	15×15×15	225	1356	60.3	
2-1	15×15×15	225	1381	61.4	**59.8**
2-2	15×15×15	225	1346	59.8	
2-3	15×15×15	225	1126	50.0	
3-1	15×15×15	225	1359	60.4	**60.1**
3-2	15×15×15	225	1352	60.1	
3-3	15×15×15	225	1344	59.7	

表 2-2-4　28 d 混凝土抗压强度值（$W/C = 0.36$，坍落度为 185 mm）

编号	试件尺寸/cm	受压面积/cm²	破坏荷重/kN	极限抗压强度/MPa	代表值/MPa
1-1	15×15×15	225	1420	63.1	**60.8**
1-2	15×15×15	225	1364	60.6	
1-3	15×15×15	225	1321	58.7	
2-1	15×15×15	225	1404	62.4	**60.0**
2-2	15×15×15	225	1354	60.2	
2-3	15×15×15	225	1294	57.5	
3-1	15×15×15	225	1413	62.8	**63.5**
3-2	15×15×15	225	1435	63.8	
3-3	15×15×15	225	1440	64.0	

试验结果表明，各试件之间的离散性较小，基本满足规范要求。根据表中各配合比 3 组试验结果，进行算术平均后得到如图 2-2-3 所示的混

凝土强度-水灰比试验曲线。根据试验结果插值得到 C30 混凝土所需水灰比为 0.46。

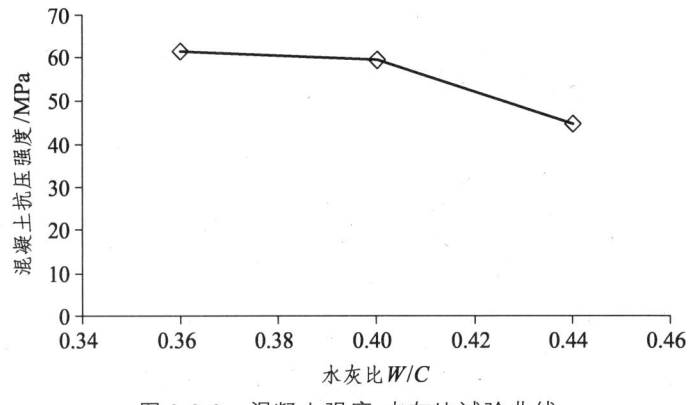

图 2-2-3　混凝土强度-水灰比试验曲线

此次配合比试验，各组试件的离散性较小，基本符合相关规范要求。通过对 9 组 27 块试件的抗压强度试验，得到了室内试验中配制 C30 混凝土所需水灰比为 0.46。

2.3　纤维材料初选

针对市面上种类如此繁多的纤维，在特定的工程中究竟哪种纤维混凝土更加适合，目前国内外尚无统一认识，只有个别学者从横向上对比了不同纤维混凝土的耐久性能。钢纤维对混凝土后期的抗拉、抗折强度增加有比较明显的作用，但董祥[58]等通过机场道面纤维混凝土的抗冻试验研究指出，钢纤维的掺入不但难以提高道面混凝土的抗冻性能，反而使其略有下降。另外，钢纤维一般用量较大、价格较高、相对密度也大，对减小结构的自重不利。当钢纤维掺量大时，纤维在混凝土中容易产生纤维团，使得搅拌困难，在施工过程中钢纤维容易外露，这也增加了施工的难度，并且钢纤维容易发生锈蚀，影响混凝土耐久性和使用安全。本书旨在研究纤维混凝土的抗冻防裂性能，不需要通过纤维的添加来提高混凝土的强度，因此不选取钢纤维。而在无机非金属纤维中，碳纤维由于目前国内生产技术仍不成熟，主要依靠进口，成本较高，一般工程难以承受；玻璃纤维的耐碱性能较差，不利于结构耐久，使用受到限制。何军拥[40]等人指出，玄武岩纤维与聚丙烯纤维在同掺量的情况下，两者的抗冻性大体一致。目前，聚丙烯纤维混凝土的研究相对成熟，因此，本书为了更好地与前人所做工作进行对比，选取了聚丙烯纤维。结合前期总结，选择了较为有代表性的纤维（聚丙烯纤维、聚乙烯醇纤维、纤维素纤维）进行本次研究。

【第3章】>>>>
室内试验研究

3.1 纤维种类试验研究

3.1.1 不同纤维种类试块冻融前混凝土力学性能试验

在混凝土中掺入一定量纤维后,由于纤维与水泥浆体之间的共同作用,能够在一定程度上阻止混凝土内部微裂纹的产生和发展。对于硬化后的混凝土而言,纤维对混凝土的影响与纤维的弹性模量、界面黏结强度及其自身的抗拉强度有关。当纤维混凝土开始受力时,主要由水泥浆体承担外力,当荷载继续增大,超过水泥浆体所能承受的拉力时,载荷将通过水泥浆体与纤维的黏结力传递给纤维,此时纤维与基体间作为一个整体共同承受荷载,一定程度上改变了混凝土的力学性能。但是,由于纤维的直径、弹性模量、抗拉强度、长度等均不相同,而且纤维混凝土的强度与许多因素有关,难以一一讨论。

本次试验结合室内外实际情况,针对本次研究的主要矛盾,讨论了不同种类纤维及掺量对混凝土立方体抗压强度的影响,得到了部分具有参考价值的结论和规律。

1. 混凝土配合比及试件制作

本次试验主要依托工程现场(即剪子湾山隧道和脱洛拉卡山隧道)实验室完成,为了与室内试验所用混凝土材料保持一致,本次试验所用混凝土设计强度等级为C30,但是由于现场的粗细骨料、水泥品质等影响,结合当地情况，混凝土的配合比与实验室有所差异。现场各组试验实际使用混凝土配合比如表 3-1-1 所示。

表 3-1-1　施工配合比　　　　　　　　单位：kg/m³

试件编号	水泥	水	砂	碎石	减水剂	纤维种类	纤维掺量
S	444	176	765	1015	8.88	无	—
J0.6	444	176	765	1015	8.88	聚丙烯纤维	0.6
J0.9	444	176	765	1015	8.88	聚丙烯纤维	0.9
J1.2	444	176	765	1015	8.88	聚丙烯纤维	1.2
J1.5	444	176	765	1015	8.88	聚丙烯纤维	1.5
P0.6	444	176	765	1015	8.88	聚乙烯醇纤维	0.6
P0.9	444	176	765	1015	8.88	聚乙烯醇纤维	0.9
P1.2	444	176	765	1015	8.88	聚乙烯醇纤维	1.2
P1.5	444	176	765	1015	8.88	聚乙烯醇纤维	1.5
X0.6	444	176	765	1015	8.88	纤维素纤维	0.6
X0.9	444	176	765	1015	8.88	纤维素纤维	0.9
X1.2	444	176	765	1015	8.88	纤维素纤维	1.2
X1.5	444	176	765	1015	8.88	纤维素纤维	1.5

本次试验的试件制作、试验方法主要依据《普通混凝土长期性能和耐久性能试验方法标准》（GB/T 50082—2009）、《普通混凝土力学性能试验方法标准》（GB/T 50081—2002）及《纤维混凝土试验方法标准》（CECS 13—2009）等试验规范。试件制作在剪子湾山隧道及脱洛拉卡山隧道现场完成，混凝土采用强制式搅拌机拌和。现场混凝土拌制程序为：依次放入细骨料、约一半掺量的纤维、水泥、剩余纤维、粗骨料，开机搅拌 60 s（20 s）；加入水和减水剂，搅拌 2 min（1 min），括号中的时间表示素混凝土的搅拌时间。出料后，人工进行适当搅拌，采用人工与振动台共同振捣。经一至两昼夜后，脱模进行自然养护，其中剪子湾山隧道试件在洞外自然条件养护，脱洛拉卡山

隧道试件在隧道洞内养护，养护至规定龄期后进行抗压强度试验。

2. 混凝土试件类型

本次试验浇筑的试件主要为（纤维）混凝土立方体抗压强度试件，试验试件的尺寸、个数如表 3-1-2 所示。

表 3-1-2　试验试件概况

试件编号	剪子湾山试件		脱洛拉卡山试件		合计/个
	试件尺寸/cm	试件个数/个	试件尺寸/cm	试件个数/个	
S	15×15×15	0	15×15×15	3	3
J0.6	15×15×15	3	15×15×15	3	6
J0.9	15×15×15	3	15×15×15	3	6
J1.2	15×15×15	3	15×15×15	3	6
J1.5	15×15×15	3	15×15×15	3	6
P0.6	15×15×15	3	15×15×15	3	6
P0.9	15×15×15	3	15×15×15	3	6
P1.2	15×15×15	3	15×15×15	3	6
P1.5	15×15×15	3	15×15×15	3	6
X0.6	15×15×15	3	15×15×15	3	6
X0.9	15×15×15	3	15×15×15	3	6
X1.2	15×15×15	3	15×15×15	3	6
X1.5	15×15×15	3	15×15×15	3	6

本试验所用设备主要为 DYE-2000 型电液式压力试验机（图 3-1-1），试验步骤及数据处理同混凝土室内配合比试验，详细内容参见 2.2.3 节。

试件加载后，竖向发生压缩变形，水平向为伸长变形。但试件的上、下端因受到加载压头的约束而横向变形小，中部的横向膨胀变形最大。随着荷载或试件应力的增大，试件的变形逐渐增加。试件接近破坏前，首先在试件高度的中央及靠近侧表面的位置上出现竖向裂缝，然后逐渐延伸，并由表层向混凝土内部扩展，表层混凝土开始剥落，最终形成正倒相接的四角锥破坏形态，如图 3-1-2 所示。

（a）剪子湾山隧道压力试验机　　（b）脱洛拉卡山隧道压力试验机

图 3-1-1　DYE-2000 型电液式压力试验机

通过在现场比较受压后纤维混凝土与素混凝土的破坏形态可以发现，纤维混凝土立方体试件受压破坏后的完整性比普通混凝土要好，如图 3-1-2 所示。

 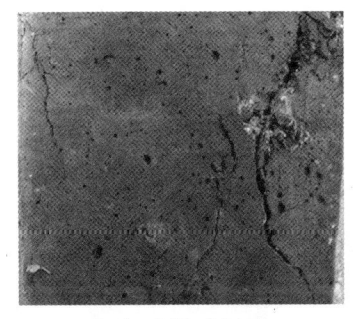

（a）试件破坏前　　　　　　　（b）受压破坏后

图 3-1-2　纤维混凝土受压前后对比

3. 剪子湾山隧道试件抗压强度试验结果与分析

通过前面章节所述的试验方法及步骤得到了剪子湾山隧道及脱洛拉卡山隧道各组试件的抗压强度值。表 3-1-3 给出了剪子湾山隧道各组试件的抗压强度代表值。

表 3-1-3　剪子湾山隧道各组试件立方体抗压强度

试件编号	J0.6	J0.9	J1.2	J1.5	P0.6	P0.9	P1.2	P1.5	X0.6	X0.9	X1.2	X1.5
抗压强度/MPa	20.8	23.1	24.5	23.7	22.4	21.7	26.4	22.2	23.8	24.8	24	22.2

为了更加直观对比各组试件的抗压强度，将各组试件的抗压强度用柱状图表示，如图 3-1-3 所示。

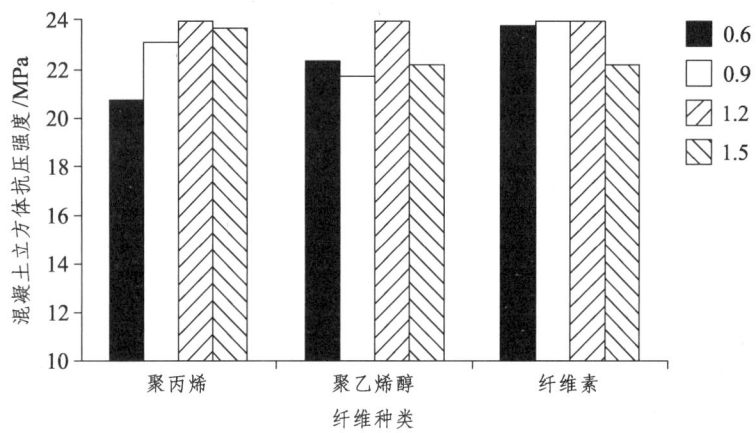

（a）不同纤维掺量混凝土抗压强度

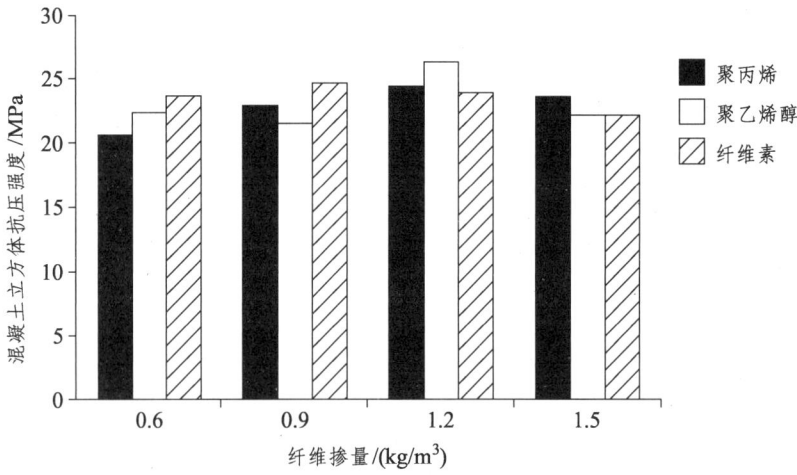

（b）不同种类纤维混凝土抗压强度

图 3-1-3　剪子湾山隧道各组纤维混凝土抗压强度

由图 3-1-3（a）可知，当纤维掺量在一定范围内时，聚丙烯、聚乙烯醇、纤维素纤维混凝土的立方体抗压强度均随着纤维掺量的增多而不断加强；而当纤维掺量超过一定值后，随着纤维掺量的增多，混凝土立方体抗压强度反而有所下降。这主要是由于当纤维掺量过多后，纤维在混凝土内部形成过多的薄弱面，这些薄弱面削弱了纤维增强混凝土的作用，甚至在宏观上表现出混凝土抗压强度劣化的现象。

由表 3-1-3 及图 3-1-3（a）可知，聚丙烯纤维混凝土：当纤维掺量为 1.2 kg/m³ 时，纤维混凝土立方体抗压强度最高，为 26.4 MPa，比纤维掺量 0.6 kg/m³ 高出 18%左右；当纤维掺量超过 1.2 kg/m³ 时，抗压强度略有下降，但下降幅度较低。

聚乙烯醇纤维混凝土：随着纤维掺量的增加，纤维混凝土的抗压强度并无单调递增或递减的现象，但当纤维掺量为 1.2 kg/m³ 时，纤维混凝土立方体抗压强度最高，为 24.5 MPa，比纤维掺量 0.6 kg/m³ 高出 18%左右；当纤维掺量超过 1.2 kg/m³ 时，抗压强度迅速下降，下降幅度约为 16%。

纤维素纤维混凝土：当纤维掺量为 1.2 kg/m³ 以内时，纤维混凝土抗压强度与纤维掺量的关系不大，各组试件的强度约为 24 MPa；但当纤维掺量达到 1.5 kg/m³ 时，立方体抗压强度迅速下降，同 0.9 kg/m³ 相比，其下降幅度约为 10%。

由表 3-1-3 及图 3-1-3（b）可知，当纤维掺量为 0.6 kg/m³ 和 0.9 kg/m³ 时，3 种纤维中纤维素纤维混凝土的抗压强度最高，分别比聚丙烯纤维混凝土高出 14%、7%左右，比聚乙烯醇纤维混凝土高出 6%、14%左右；但当纤维掺量为 1.2 kg/m³ 时，聚乙烯醇纤维混凝土抗压强度最高，纤维素纤维混凝土抗压强度最低，但与聚丙烯纤维混凝土相差很小；当纤维掺量达到 1.5 kg/m³ 时，聚丙烯纤维混凝土抗压强度最高，而聚乙烯醇和纤维素纤维混凝土抗压强度相差不大。

4. 脱洛拉卡山隧道试件抗压强度试验结果与分析

表 3-1-4 给出了脱洛拉卡山隧道各组试件的抗压强度代表值。

表 3-1-4 脱洛拉卡山隧道各组试件立方体抗压强度

试件编号	S	J0.6	J0.9	J1.2	J1.5	P0.6	P0.9	P1.2	P1.5	X0.6	X0.9	X1.2	X1.5
抗压强度/MPa	33.9	39.8	40.6	42.7	42.3	50.4	42.8	41.6	46.3	43	45.4	47.3	38.1

为了更加直观对比各组试件的抗压强度，将各组试件的抗压强度用柱状图表示，如图 3-1-4 所示。

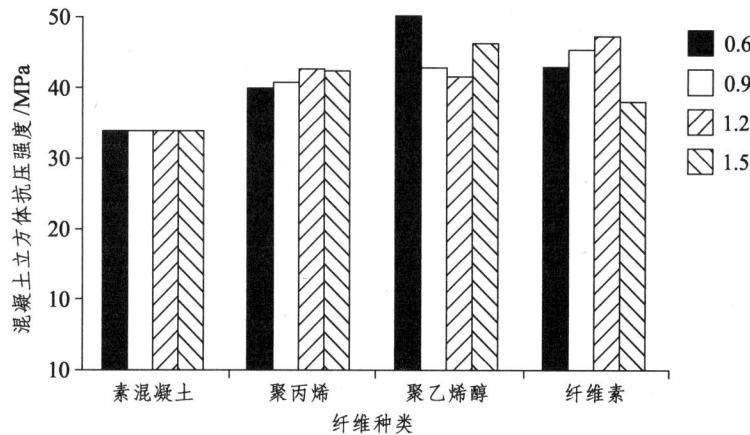

（a）不同纤维掺量混凝土抗压强度

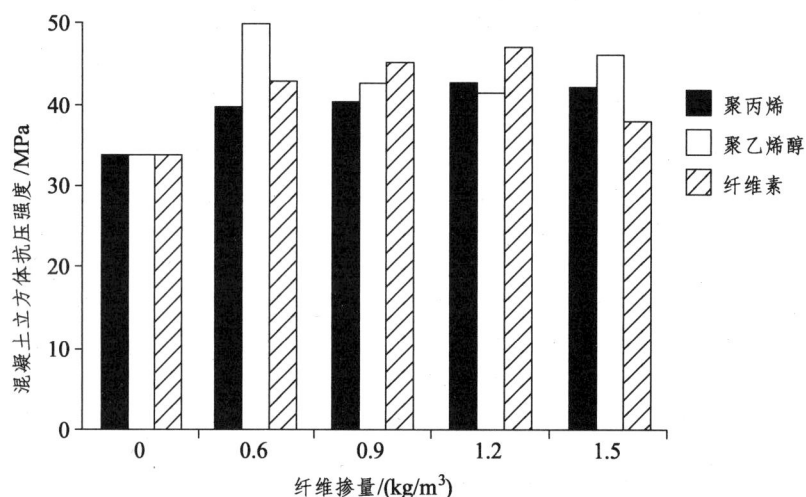

（b）不同种类纤维混凝土抗压强度

图 3-1-4 脱洛拉卡山隧道各组纤维混凝土抗压强度

由图 3-1-4（a）所示，与剪子湾山隧道各组试件类似，当纤维掺量在一定范围内时，除聚乙烯醇纤维混凝土外，聚丙烯、纤维素纤维混凝土的立方体抗压强度均随着纤维掺量的增多而不断加强；而当纤维掺量超过一定值后，随着纤维掺量的增多，混凝土立方体抗压强度反而有所下降。这主要是由于当纤维掺量过多后，纤维在混凝土内部形成过多的薄弱面，这些薄弱面削弱了纤维增强混凝土的作用，甚至在宏观上表现出劣化的现象，但不论哪一种类型或掺量的纤维混凝土，其抗压强度均比素混凝土高。

由表 3-1-4 及图 3-1-4（a）可知，聚丙烯纤维混凝土：纤维掺量为 0.6 kg/m^3 时，抗压强度提高幅度最低，比素混凝土约提高 17%；随着纤维掺量的增加，其强度有增加趋势，当纤维掺量为 1.2 kg/m^3 时，纤维混凝土立方体抗压强度达到最高，为 42.7 MPa，比素混凝土抗压强度高出 26%左右；当纤维掺量超过 1.2 kg/m^3 达 1.5 kg/m^3 时，抗压强度略有下降，但下降幅度较低。

聚乙烯醇纤维混凝土：当纤维掺量在一定范围内，随着纤维掺量的增加，聚乙烯醇纤维混凝土的抗压强度呈递减现象，而当超过一定值后，其抗压强度又有所增长，但其掺入纤维后抗压强度均比素混凝土高。当纤维掺量为 0.6 kg/m^3 时，纤维混凝土立方体抗压强度最高，为 50.4 MPa，比素混凝土的强度高出 48%左右；当纤维掺量为 1.2 kg/m^3 时，抗压强度提高幅度最低，约高出素混凝土 22%。

纤维素纤维混凝土：当纤维掺量为 1.2 kg/m^3 以内时，纤维混凝土抗压强度随着纤维掺量的增加略有增长，但增长幅度很小。同素混凝土相比，纤维素纤维掺量为 0.6 kg/m^3、0.9 kg/m^3、1.2 kg/m^3 时的抗压强度分别比素混凝土约提高了 26%、33%、39%。但当纤维掺量达到 1.5 kg/m^3 时，立方体抗压强度迅速下降，同 1.2 kg/m^3 相比，其下降幅度约为 20%，但仍比素混凝土强度要高，其提高幅度约为 12%。

由图 3-1-4（b）及表 3-1-4 可知，当纤维掺量为 0.9 kg/m^3 和 1.2 kg/m^3 时，3 种纤维中纤维素纤维混凝土的抗压强度最高，分别比聚丙烯纤维混凝土高出 12%、11%左右，比聚乙烯醇纤维混凝土高出 6%、14%左右。但当纤维掺量为 0.6 kg/m³ 和 1.5 kg/m³ 时，聚乙烯醇纤维混凝土抗压强度最高，分别比聚丙烯纤维混凝土高出 26%、17%左右，比纤维素纤维混凝土高出 9%、21%左右。

5. 小　结

通过剪子湾山隧道及脱洛拉卡山隧道的纤维混凝土抗压强度测试，可以得到以下结论：

（1）对于聚丙烯纤维和纤维素纤维混凝土，当纤维掺量在一定范围内时，随着纤维掺量的增加，其抗压强度有所增加，但其增长幅度较小；当纤维掺量超过某一值时，随着纤维掺量的增加其强度反而有所下降。聚乙烯醇纤维混凝土无明显的规律性变化。

（2）对于相同掺量的不同纤维混凝土之间，纤维混凝土的抗压强度有所差别，但差异不大。

（3）剪子湾山与脱洛拉卡山试件规律略有差异，这可能是试件数量太少，混凝土本身离散性造成的原因。

3.1.2　不同纤维种类混凝土冻融循环试验

混凝土冻融破坏是指混凝土结构处于正负温交替环境中，且内部含水较多时，混凝土会发生冻融循环，甚至破坏。混凝土的抗冻性是其耐久性能的重要指标之一，混凝土一旦受冻破坏后，外界的腐蚀介质和水便更容易进入混凝土中，从而加快混凝土的破坏。因此，混凝土抗冻性能的好坏将直接影响到混凝土耐硫酸盐侵蚀和抗碳化性能等。

对于混凝土的抗冻性能，国内外学者开展了大量的研究，在混凝土受冻机理、评价方法、评价指标、抗冻影响因素等方面均取得了很大的成就。前人研究表明，纤维在混凝土中呈三维乱向分布彼此黏结，可在一定程度上抑制混凝土中连通裂纹的产生，避免连通毛细孔的形成。另一方面，纤维可以挤压砂浆内部的毛细管，甚至将其堵塞，水泥砂浆表面失水面积有所减少，水分迁移困难。数以千万计均匀散布且又乱向分布的纤维由于其抗拉强度远高于塑性期混凝土的抗拉强度，故可有效抑制由于应力所产生的裂缝，减少水分向混凝土内部的渗透，改善了水泥石结构，使得外界环境的水分难以渗透进入混凝土内部孔隙中，从而减少孔内可冻水。

另外，乱向分布的微细纤维相互交错搭接，阻碍了混凝土搅拌和成型过程中内部空气的溢出，使得混凝土的含气量增大，增加的气泡在水泥浆中形成彼此分离的孔隙，不形成连通的透水孔道。这些互不相连通的气孔在混凝土受冻初期能使毛细孔中的静水压力减小，起到减压作用。

目前，虽然许多学者对钢纤维、合成纤维等纤维混凝土进行了抗冻研究，但是面对市场上种类繁多的纤维类型，究竟哪一种更好？最优纤维掺量是多少？仍然研究较少，系统性不够完善。本试验在充分总结前人的研究基础上，结合实际情况选择了3种纤维（聚丙烯纤维、聚乙烯醇纤维、纤维素纤维）进行了系统性的抗冻试验研究。

1. 纤维的基本参数

聚丙烯纤维是一种碳氢化合物高分子材料，化学稳定性好，与大多数物质不发生化学反应，表面具有疏水性。而纤维素纤维是新一代的高性能纤维，它具有分散性好、弹性模量较高、施工方便、成本低廉等优点，与聚丙烯纤维相比，纤维素纤维是一种很好的亲水性纤维，可与水泥砂浆形成良好的胶结。聚乙烯醇纤维的亲水性介于该两种纤维之间。本次试验选用的3种纤维的具体参数如表3-1-5所示。

表3-1-5 试验用纤维的基本参数

纤维种类	平均长度/mm	标称直径/μm	抗拉强度/MPa	弹性模量/GPa	比重/(g/cm^3)	比表面积/(cm^2/g)
聚丙烯	3~30	10~40	500~700	3.5	1.099	—
聚乙烯醇	12	14	1600	35	—	—
纤维素	2.1	18	960	8.5	1.109	24900

2. 试验准备工作

（1）含水率测定

① 建设用砂含水率

将自然潮湿状态下的试样用四分法缩分至约 1100 g，拌匀后分为大致相等的两份备用。称取一份试样的质量，精确至 0.1 g，将试样倒入已知质量的钢盆中，放在干燥箱中于［(105±5)°C］下烘至恒重。待冷却至室温后，再称取其质量，精确至 0.1 g。其含水率按式（3-1-1）计算，取两次试验结果的算术平均值，精确至 0.1%；当两次实验结果之差大于 0.2%时，应重新测量。

$$Z = \frac{G_1 - G_2}{G_1} \times 100\% \qquad (3\text{-}1\text{-}1)$$

式中：Z——含水率（%）；

G_1——烘干前试样的质量（g）；

G_2——烘干后试样的质量（g）。

② 建设用碎石含水率

碎石含水率测试方法与砂子含水率测试方法相同，但每次测试时试样质量在 2000 g 左右。

经多次含水率测试得到：本次浇筑试件所用河砂与碎石含水率分别为 0%与 0.4%。

（2）试件的制作与养护

由第 2 章可知，浇筑 C30 混凝土所需水灰比（W/C）为 0.46，按照仅改动水灰比、砂率不变的原则进行混凝土试配。通过试验试配发现，当水灰比为 0.46，其余参数不变的情况下，混凝土的黏聚性与保水性较好，但坍落度值超过 220 mm，无法满足设定目标（坍落度值 160~220 mm）。因此，在此基础上通过增减砂率的办法来调整坍落度值，通过在实验室反复试配发现，当砂率在 0.44 时可以满足坍落度的要求，并具有较好的黏聚性及保水性。

经过前期含水率测试、新拌混凝土和易性测试等相关试验准备，得到本次试件浇筑时实际施工用配合比如表 3-1-6 所示。

表 3-1-6　施工配合比　　　　　　　　　　　　单位：kg/m³

试件种类	水泥	水	砂	碎石	减水剂	纤维掺量
素混凝土	409	184	798	1015	8.18	—
聚丙烯纤维	409	184	798	1015	8.18	0.9
聚乙烯醇纤维	409	184	798	1015	8.18	0.9
纤维素纤维	409	184	798	1015	8.18	0.9

本次试验的试件制作、试验方法主要依据《普通混凝土长期性能和耐久性能试验方法标准》(GB/T 50082—2009)、《普通混凝土力学性能试验方法标准》(GB/T 50081—2002)及《纤维混凝土试验方法标准》(CECS 13—2009)等试验规范。试件制作在四川大学江安校区土木结构实验室完成，混凝土采用 HJW-60 型搅拌机拌和。实验室混凝土拌制程序为：依次放入细骨料、一半左右的纤维、水泥、剩余纤维、粗骨料，开机搅拌 90 s(20 s)；加入水和减水剂，搅拌 3 min(1 min)，括弧中的时间表示素混凝土的搅拌时间。出料后人工进行适当搅拌，采用人工与振动台共同振捣。经 1~2 昼夜后，脱模放入标准养护室养护[养护温度(20±2)℃，湿度大于95%]，养护至规定龄期后进行抗压强度试验。

(3)试件的类型

本次试验浇筑的试件主要包含两个部分，即：(纤维)混凝土 28 d 抗压强度试验、(纤维)混凝土冻融循环试验，试验试件的尺寸、个数及坍落度值如表 3-1-7 所示。

表 3-1-7　试验试件概况

试件编号	冻融试件		强度试件		合计 /个	坍落度 /mm
	试件尺寸 /cm	试件个数 /个	试件尺寸 /cm	试件个数 /个		
S1-i	10×10×40	3	15×15×15	3	6	170
S2-i	10×10×40	3	15×15×15	3	6	160
J1-i	10×10×40	3	15×15×15	3	6	135

续表

试件编号	冻融试件		强度试件		合计/个	坍落度/mm
	试件尺寸/cm	试件个数/个	试件尺寸/cm	试件个数/个		
J2-i	10×10×40	3	15×15×15	3	6	140
P1-i	10×10×40	3	15×15×15	3	6	75
P1-i	10×10×40	3	15×15×15	3	6	80
X1-i	10×10×40	3	15×15×15	3	6	55
X2-i	10×10×40	3	15×15×15	3	6	85

注：i = 1，2，3。

由表 3-1-7 及图 3-1-5 可知，纤维的掺入在一定程度上影响了混凝土的和易性，但不同纤维对混凝土和易性影响的程度不一。试验表明，各组纤维混凝土均有较好的黏聚性及保水性。但坍落度值有所区别，素混凝土的坍落度值为 160~170 mm，纤维的掺入均使得混凝土的坍落度降低，但降低幅度不同。聚丙烯纤维对混凝土的坍落度影响最小，其值约为素混凝土的 82%；而聚乙烯醇纤维及纤维素纤维对混凝土的坍落度影响明显，其值分别约为素混凝土的 42%和 41%。

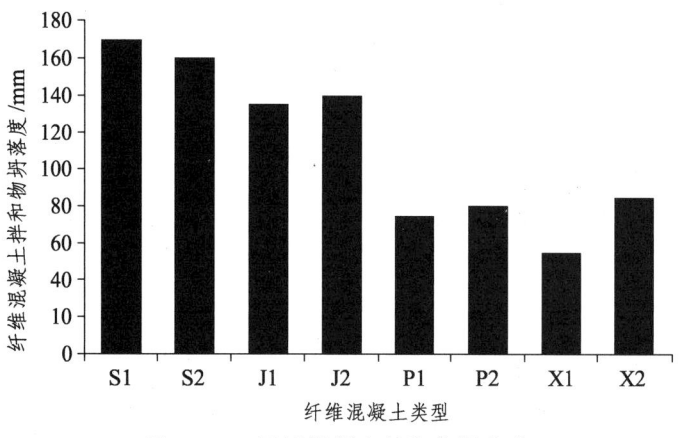

图 3-1-5　不同混凝土拌和物坍落度

3. 立方体试件 28 d 抗压强度试验

当试件在标准养护箱中养护时间达到 28 d 后，将试件从标养箱中取出并进行混凝土单轴抗压强度试验。试验所用设备及具体方法如第 2 章所述。各组试件测试结果如表 3-1-8 ~ 表 3-1-11 所示。

表 3-1-8　素混凝土 28 d 抗压强度试验

编号	试件尺寸/cm	受压面积/cm^2	破坏荷重/kN	极限抗压强度/MPa	代表值/MPa
S1-1	15×15×15	225	918.5	40.8	
S1-2	15×15×15	225	952.5	42.3	**41.2**
S1-3	15×15×15	225	913.5	40.6	
S2-1	15×15×15	225	844.5	37.5	
S2-2	15×15×15	225	887.0	39.4	**38.8**
S2-3	15×15×15	225	891.5	39.6	

表 3-1-9　聚丙烯纤维混凝土 28 d 抗压强度试验

编号	试件尺寸/cm	受压面积/cm^2	破坏荷重/kN	极限抗压强度/MPa	代表值/MPa
J1-1	15×15×15	225	918.5	40.5	
J1-2	15×15×15	225	952.5	41.6	**41.2**
J1-3	15×15×15	225	913.5	41.6	
J2-1	15×15×15	225	844.5	39.8	
J2-2	15×15×15	225	887.0	40.4	**40.3**
J2-3	15×15×15	225	891.5	40.7	

表 3-1-10　聚乙烯醇纤维混凝土 28 d 抗压强度试验

编号	试件尺寸/cm	受压面积/cm^2	破坏荷重/kN	极限抗压强度/MPa	代表值/MPa
P1-1	15×15×15	225	918.5	39.7	
P1-2	15×15×15	225	952.5	38.3	**39.9**
P1-3	15×15×15	225	913.5	41.6	
P2-1	15×15×15	225	844.5	33.7	
P2-2	15×15×15	225	887.0	38.0	**37.6**
P2-3	15×15×15	225	891.5	41.1	

表 3-1-11　纤维素纤维混凝土 28 d 抗压强度试验

编号	试件尺寸/cm	受压面积/cm²	破坏荷重/kN	极限抗压强度/MPa	代表值/MPa
P1-1	15×15×15	225	918.5	40.9	**35.4**
P1-2	15×15×15	225	952.5	35.4	
P1-3	15×15×15	225	913.5	33.8	
P2-1	15×15×15	225	844.5	39.2	**38.6**
P2-2	15×15×15	225	887.0	36.4	
P2-3	15×15×15	225	891.5	40.2	

由表 3-1-8～表 3-1-11 可知，本次强度试验同组试件强度值离散性较小，所测数据满足相关规范规定。

图 3-1-6 为各组试件 28 d 抗压强度的平均值。由表 3-1-8～表 3-1-11 及图 3-1-6 可知，纤维的掺入对混凝土的强度没有明显的影响。试验表明：聚丙烯纤维的掺入对混凝土的抗压强度有略微提高，提高幅度大约为 2%；而聚乙烯醇纤维及纤维素纤维的掺入对混凝土的强度有一定程度的降低，但幅度都比较小，其降低幅度分别约为 3%、7%。

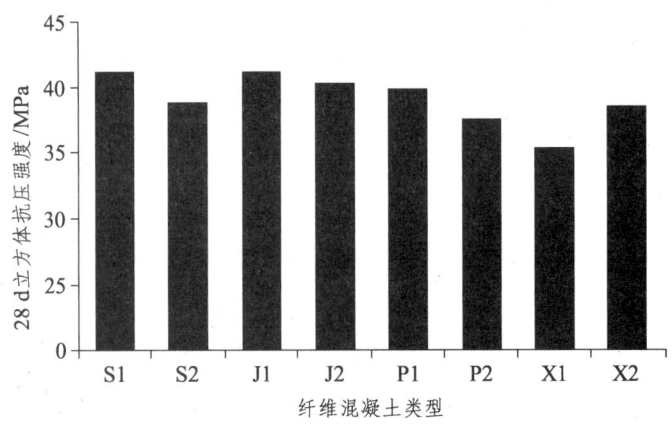

图 3-1-6　纤维混凝土 28 d 抗压强度值

综上所述，纤维的掺入主要影响混凝土的和易性，但不同纤维对混凝土的影响有所不同，而纤维对混凝土的抗压强度影响很小。

4. 混凝土冻融循环试验

（1）试验设备

① 混凝土快速冻融循环试验系统

本次冻融试验主要利用四川大学江安校区土木工程结构实验室 KDR-V9 全自动混凝土快速冻融试验机（图 3-1-7），该试验机主要由室外防水冻融主机、室内试件箱体、控制系统组成。

（a）冻融主机　　　　（b）冻融试件箱体　　　　（c）控制系统

图 3-1-7　KDR-V9 全自动混凝土快速冻融分体试验机

KDR-V9 混凝土快速冻融试验机采用水冻水融法，符合尺寸要求为 100 mm × 100 mm × 400 mm 的混凝土试件的抗冻融试验，一次可放置试件 9 组（28 件含一个中心试件）。试验时，试件被放置在试验橡胶筒中，橡胶筒中装有水，橡胶筒又被放在装有防冻液的试件箱中，靠机组对防冻液的制冷或加热来使橡胶筒中的试件冻结、融化，从而完成冻融试验。该试验机的温度范围为 $-25 \sim 25\ °C$（可调），且试件箱内部温度均匀（各点间的温差小于 $2\ °C$），其测量精度为 $±5\ °C$，显示分辨率为 $0.06\ °C$。

该系统试验参数主要为：冻融循环周期 $2 \sim 4\ h$，融化时间不小于 1/4 冻融周期，冻结终了时试件中心温度 $(-18 ± 2)\ °C$ 融化，融化终了时试件中心温度 $(5 ± 2)\ °C$，降温时间 $1.5 \sim 2.5\ h$，升温时间 $1.0 \sim 1.5\ h$，试件中心与表面的温差小于 $28\ °C$，循环次数标准为 300 次。

② 混凝土动弹性模量测定仪

混凝土的相对动弹性模量及质量损失率是评价混凝土抗冻能力的两项重要指标，质量损失率一般可以通过电子秤较为方便地测出，本次试验所用电子秤最大量程为 20 kg，精度为 2 g。然而，相对动弹性模量却需要混凝土动弹性模量测定仪进行反复测试方可得到，为了防止因仪器使用不当而造成不必要的误差甚至错误，本次试验选用两家不同公司生产的混凝土动弹性模量测定仪，其型号分别为 DT-W18 与 DT-15（图 3-1-8），两台设备主要技术参数如下：

A. DT-W18 的技术参数

频率测试范围：100 ~ 20000 Hz；

测量误差 < 2%；

频率灵敏度：1 Hz；

输出功率：0 ~ 15 W；

输出方式：全中文液晶显示，热敏打印机，与计算机通信配有专用接口和分析软件；

环境条件：0 ~ 50 ℃，相对湿度 < 80%。

B. DT-15 的技术参数

频率测试范围：10 ~ 50000 Hz；

测量误差：1%；

频率灵敏度：1 Hz；

输出功率：< 30 W；

输出方式：全中文液晶显示，热敏打印机打印；

环境条件：0 ~ 40 ℃，相对湿度 < 90%。

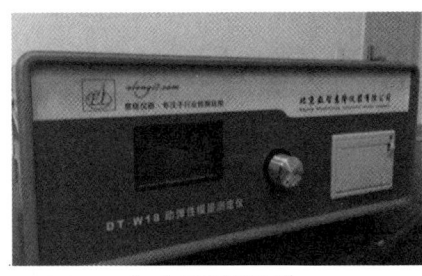 

（a）DT-W18 型　　　　　　　（b）DT-15 型

图 3-1-8　混凝土动弹性模量测定仪

（2）试验方法

① 混凝土快速冻融循环试验

本次冻融试验主要依据《普通混凝土长期性能和耐久性能试验方法标准》（GB/T 50082—2009）之抗冻性能试验——快冻法，利用全自动冻融仪进行测试。具体操作步骤如下：

A. 当试件在标准养护室内养护龄期达到 24 d 时，提前将试件从养护地点取出，随后将冻融试件放在（20±2）℃ 的水中浸泡，浸泡时水面高出试件顶面 20~30 mm。在水中浸泡 4 d，试件在达到 28 d 龄期时开始进行冻融试验。

B. 当试件养护龄期达到 28 d 时及时取出试件，用湿布擦除表面水分，对其外观尺寸进行测量，并对试件进行编号，称量试件的初始质量 W_{0i} 及测定其横向基频的初始值 f_{0i}。

C. 将试件放入试件盒内，然后将试件盒放入冻融箱内的试件架中，并向试件盒中注入清水，其在整个试验过程中，盒内水位高度始终保持至少高出试件顶面 5 mm。测温试件盒放在冻融箱的中心位置，盒内注入防冻液，液面高度同普通试件盒。

D. 设定试件中心最高、最低温度分别为 5 ℃ 与 –18 ℃，试验参数设定如图 3-1-9 所示。

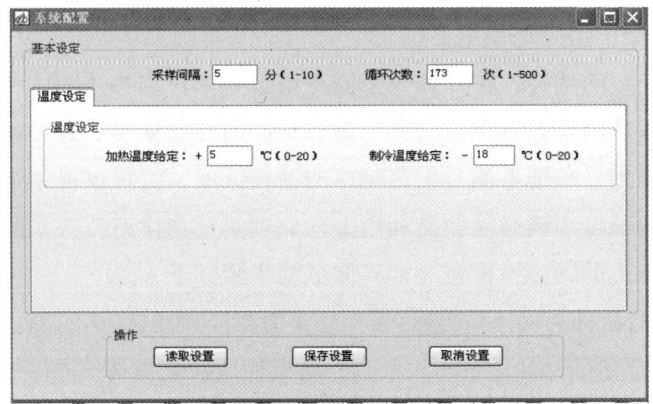

（a）冻融试验温度参数设置

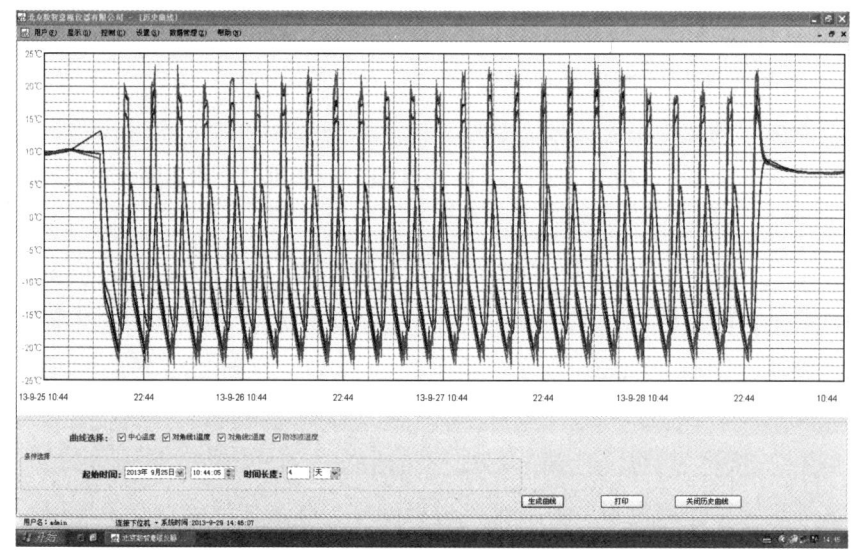

（b）试件箱内温度实测值

图 3-1-9　混凝土快速冻融循环试验参数情况

E. 冻融试验开始后，每隔 25 次冻融循环则重新测量一次试件的横向基频 f_{ni} 及试件的质量 W_{ni}。测量前，先将试件表面浮渣清洗干净并用湿布擦出试件表面水分。测量完成后，迅速将试件调头重新装入试件盒内并加入清水，继续试验。当试件的相对动弹性模量下降到 60%或质量损失率达 5%时，该组试件不再作为测试目标，但仍在冻融箱内继续冻融循环。

② 混凝土动弹性模量测试

对于一定的物体，都存在一个固有谐振频率。当物体的体积或材质一定时，该物体的谐振频率仅与其密度有关。因此物体的固有振动频率决定了物体的强度。若能够测量出该物体的谐振频率，就可以根据强度理论推算出物体的强度。动弹仪便是利用上述原理测量物体谐振频率的仪器。当其测量混凝土的动弹性模量时，具体试验步骤如下：

A. 测量试件的尺寸与质量，试件质量精确至 0.01 kg，尺寸精确至 1 mm。

B. 测定完试件的质量与尺寸后，将试件放在支撑体（泡沫塑料板）中心位置，且使试件成型面朝上。试件放置好后，将激振换能器的测杆轻轻压在试件长边侧面中线的 1/2 处,将接收换能器的测杆轻轻压在试件长边侧面中线距端面 5 mm 处,如图 3-1-10 和图 3-1-11 所示。测杆压力的大小以不出现噪声为准,设置待测试件的质量与尺寸,并开始动弹性模量测试。每一次测量重复测读两次以上,当两次连续测值之差不超过两次连续测值的算术平均值的 0.5%时,取这两个测值的算术平均值作为该试件的基频振动频率。

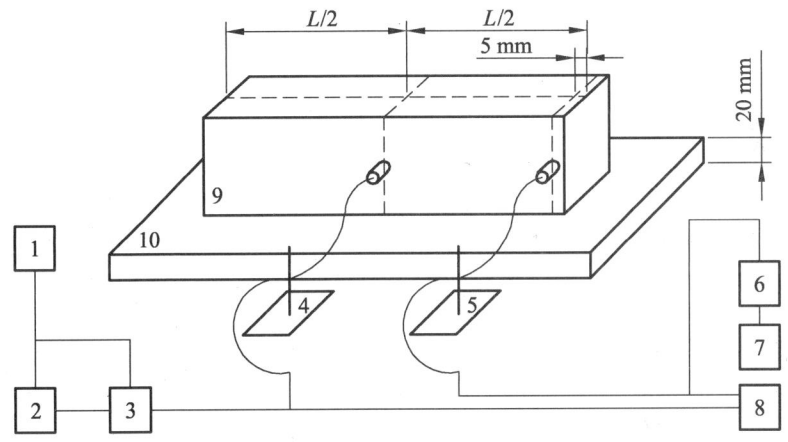

1—振荡器;2—频率计;3、6—放大器;4—激振换能器;5—接收换能器;
8—示波器;9—试件;10—试件支撑体。

图 3-1-10 相对动弹性模量测试各部件连接和相对位置示意图

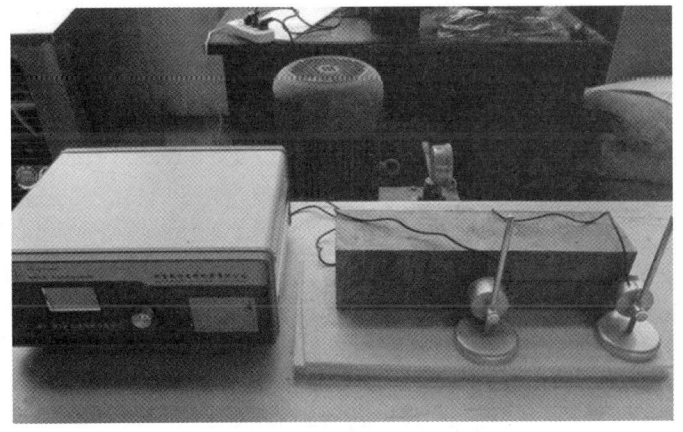

图 3-1-11 室内试验混凝土横向基频测试

（3）试验结果与分析

① 混凝土破坏过程及形态

试件在冻融循环过程中，随着冻融循环次数的增加，试件表面的原生孔洞直径逐渐增长，并伴随着新的孔洞出现。随后，孔洞逐渐扩大、连通，造成试件表面逐渐剥落，粗骨料外露，最终试件由于内部损伤严重或质量损失严重而破坏。

图 3-1-12 为进行了 25 次冻融循环后素混凝土和各种纤维混凝土试件表面情况。试验结果发现，试件的孔洞主要分布在试件的侧面，其原因可能是试件侧面存在着初始缺陷。而且，水泥砂浆中含有许多气孔，这些气孔在吸水饱和后，由于受到低温影响，气孔内部水分结冰膨胀，对混凝土产生静水压力等；当温度升高时结冰体又逐渐融化，结冰体造成的应力逐渐减小至 0。随着冻融循环试验的进行，这一过程反复进行，使得混凝土内部形成孔洞或微裂纹，并逐渐扩展、连通，从而导致了水泥浆体剥落，试件破坏。通过比较各组试件表面孔洞发现，素混凝土与聚乙烯醇、纤维素纤维混凝土孔洞直径、个数无明显差异，但聚丙烯纤维混凝土表面的孔

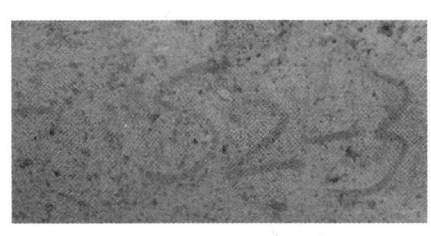 

（a）素混凝土　　　　　　　　　（b）聚丙烯纤维混凝土

 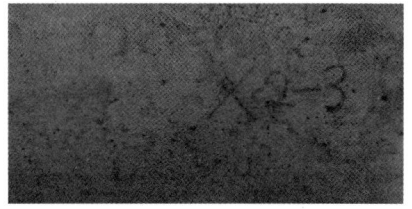

（c）聚乙烯醇纤维混凝土　　　　　（d）纤维素纤维混凝土

图 3-1-12　25 次冻融循环后的混凝土试件

洞个数却明显高于另外 3 种,甚至个别聚丙烯纤维混凝土试件表面出现部分剥落现象。这可能是由于聚丙烯纤维是一种憎水性纤维,其掺入混凝土后,由于同水泥砂浆胶结不良好,从而加速了水分向混凝土内部运集的过程,导致混凝土表面损失严重。

75 次冻融循环后,素混凝土和各组纤维混凝土试件表面状况如图 3-1-13 所示。除纤维素纤维混凝土仍然是以孔洞直径增大、个数增多为主外,其余各组试件均出现了不同程度的表面剥落现象,聚丙烯纤维混凝土表面剥落现象最为严重,侧表面几乎无光滑表面存在,粗骨料外露严重。而素混凝土的剥蚀情况要好很多,表面只有轻微的剥落现象,个别地方出现了粗骨料外露现象。聚乙烯醇纤维混凝土也出现了粗骨料外露的现象,但比素混凝土及聚丙烯纤维混凝土的外露程度要轻。纤维素纤维表面仍有大面积的光滑区域存在,没有发生粗骨料外露现象。

(a)素混凝土

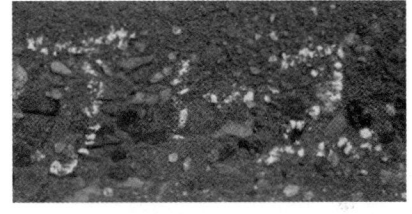
(b)聚丙烯纤维混凝土

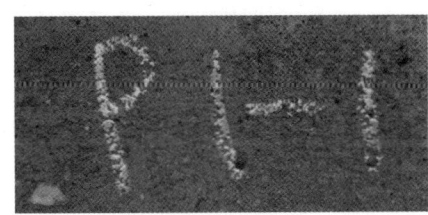
(c)聚乙烯醇纤维混凝土

(d)纤维素纤维混凝土

图 3-1-13　75 次冻融循环后的混凝土试件

150 次冻融循环后,素混凝土和各组纤维混凝土试件表面状况如图 3-1-14 所示。素混凝土与各组纤维混凝土表面均以表面剥落为主,但不同类型混凝土表面剥落程度差异较大,聚丙烯纤维混凝土剥落情况最为严重,部分试件甚至出现粗骨料剥落现象。素混凝土剥落情况次之，而纤维素纤维混凝土剥落情况最轻，表面仍有部分光滑区域。

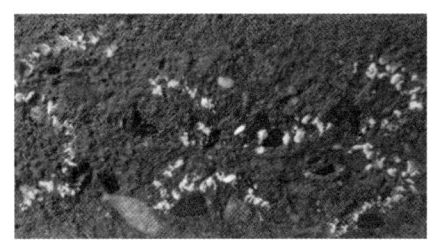 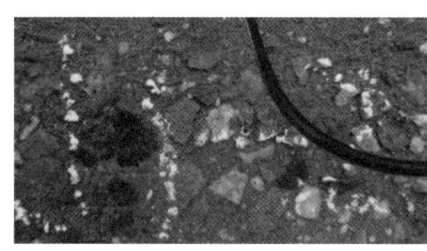

（a）素混凝土　　　　　　　　（b）聚丙烯纤维混凝土

 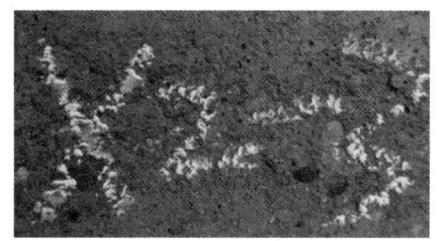

（c）聚乙烯醇纤维混凝土　　　　（d）纤维素纤维混凝土

图 3-1-14　150 次冻融循环后的混凝土试件

300 次冻融循环后，各组试件表面情况如图 3-1-15 所示。素混凝土表面剥蚀现象严重，在顶（底）面粗骨料剥落严重。而聚乙烯醇纤维混凝土与纤维素纤维混凝土的情况却比较轻微，尤其是纤维素纤维，几乎没有粗骨料剥落现象发生，其表面甚至还有较为光滑的表面存在，只有 X2-2 试件表面有 1~2 颗粗骨料剥落。这也表明，纤维素纤维在冻融后期增强混凝土抗剥落能力十分有效。

（a）素混凝土　　　　　　　　（b）素混凝土底（顶）面

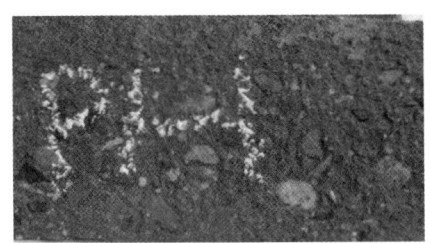
（c）聚乙烯醇纤维混凝土

（d）聚乙烯醇纤维混凝土底（顶）面

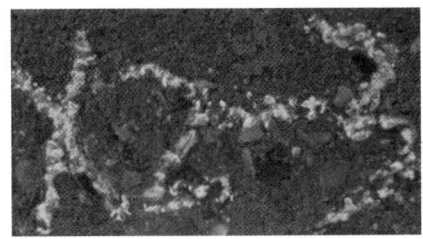
（e）纤维素纤维混凝土

（f）纤维素纤维混凝土底（顶）面

图 3-1-15　300 次冻融循环后的混凝土试件

② 混凝土质量损失率

混凝土的质量损失率反映了混凝土在冻融循环过程中抵抗剥落的能力，是评价混凝土抗冻性能的一项重要指标。其值主要通过冻融前后质量损失进行测定，具体可由式（3-1-2）、（3-1-3）计算：

单个试件的质量损失率按式（3-1-2）计算：

$$\Delta W_{ni} = \frac{W_{0i} - W_{ni}}{W_{0i}} \times 100\% \qquad (3\text{-}1\text{-}2)$$

式中：ΔW_{ni}——n 次冻融循环后第 i 个试件的质量损失率(%)，精确至 0.01；

W_{0i}——冻融循环实验前第 i 个混凝土试件的质量（g）；

W_{ni}——n 次冻融循环后第 i 个混凝土试件的质量（g）。

一组试件的平均质量损失率按式（3-1-3）计算：

$$\Delta W_n = \frac{\sum_{i=1}^{3} \Delta W_{ni}}{3} \times 100 \qquad (3\text{-}1\text{-}3)$$

式中：ΔW_n——n 次冻融循环后一组混凝土试件的平均质量损失率（%），精确至 0.1。

每组试件的平均质量损失率以 3 个试件的质量损失率试验结果的算术平均值作为测定值。当某个试验结果出现负值，将其值取为 0，再取 3 个试件的平均值。当 3 个值中的最大值或最小值与中间值之差超过 1%时，应剔除此值，并取其余两值的算术平均值作为测定值；当最大值和最小值与中间值之差均超过 1%时，取中间值作为测定值。

图 3-1-16 ~ 图 3-1-23 为各组混凝土的质量损失率随冻融循环次数的变化规律。

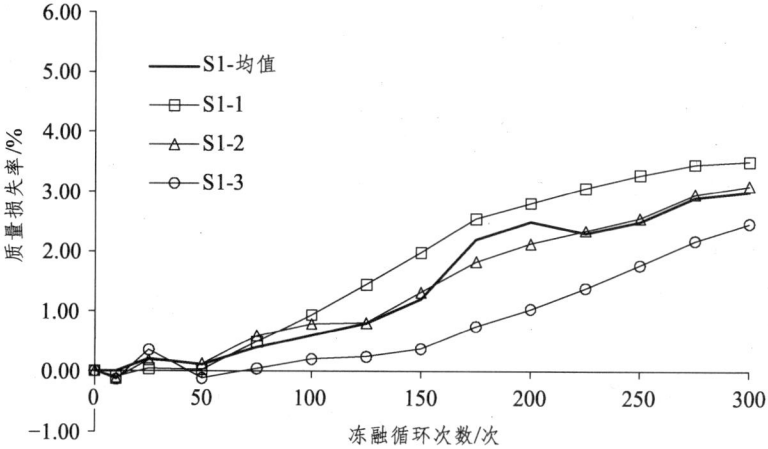

图 3-1-16　第 1 组素混凝土的质量损失率随冻融循环次数的变化规律

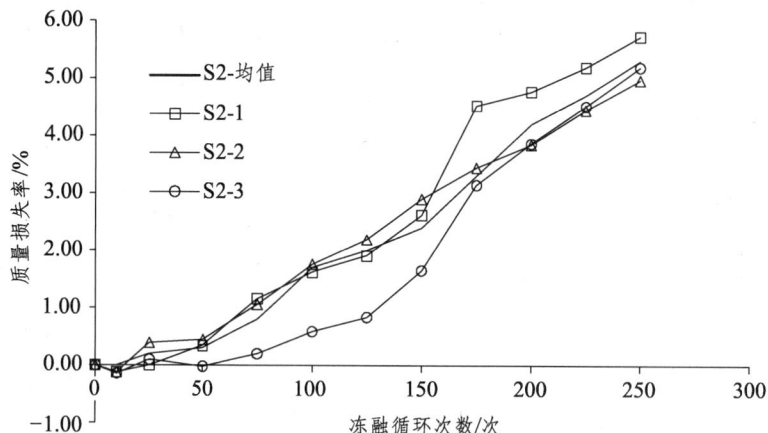

图 3-1-17　第 2 组素混凝土的质量损失率随冻融循环次数的变化规律

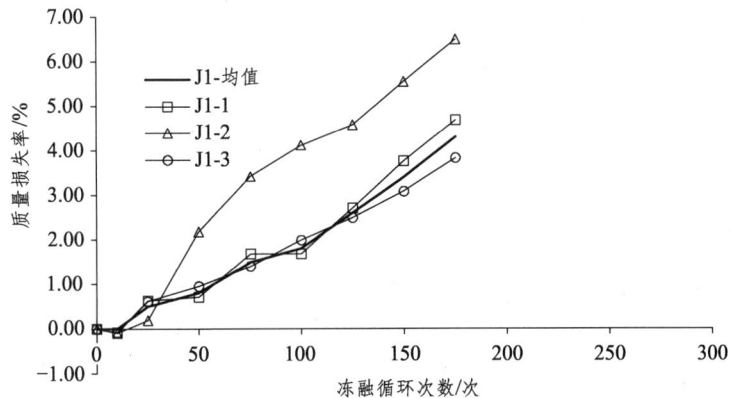

图 3-1-18 第 1 组聚丙烯纤维混凝土的质量损失率随冻融循环次数的变化规律

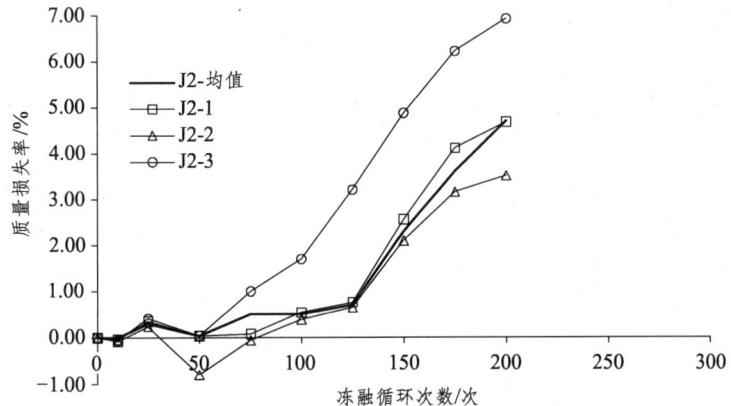

图 3-1-19 第 2 组聚丙烯纤维混凝土的质量损失率随冻融循环次数的变化规律

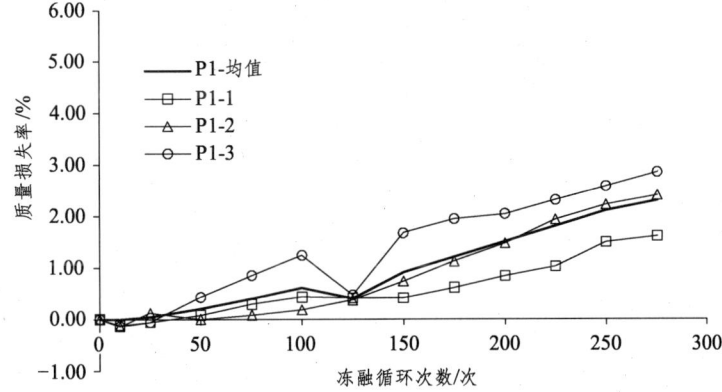

图 3-1-20 第 1 组聚乙烯醇纤维混凝土的质量损失率随冻融循环次数的变化规律

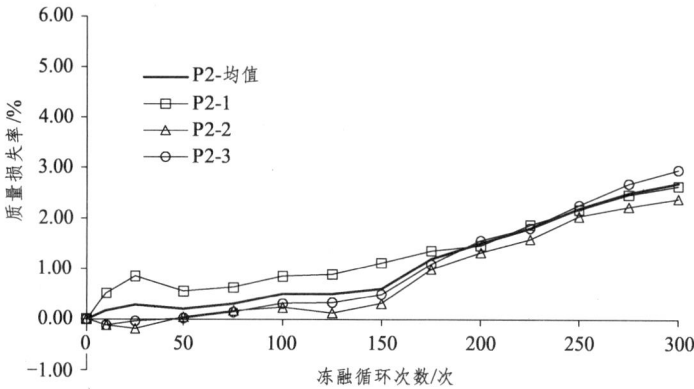

图 3-1-21　第 2 组聚乙烯醇纤维混凝土的质量损失率随冻融循环次数的变化规律

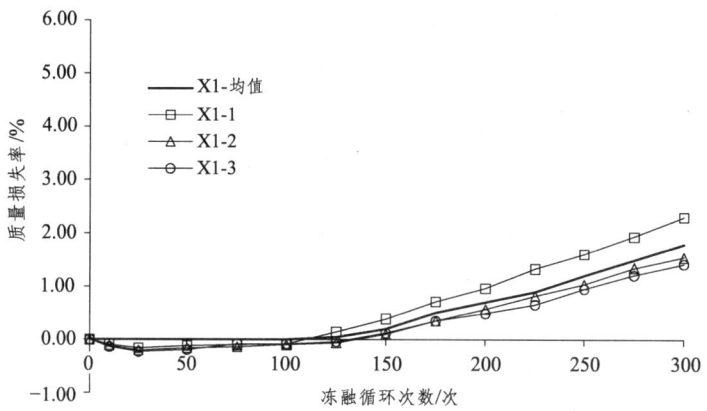

图 3-1-22　第 1 组纤维素纤维混凝土的质量损失率随冻融循环次数的变化规律

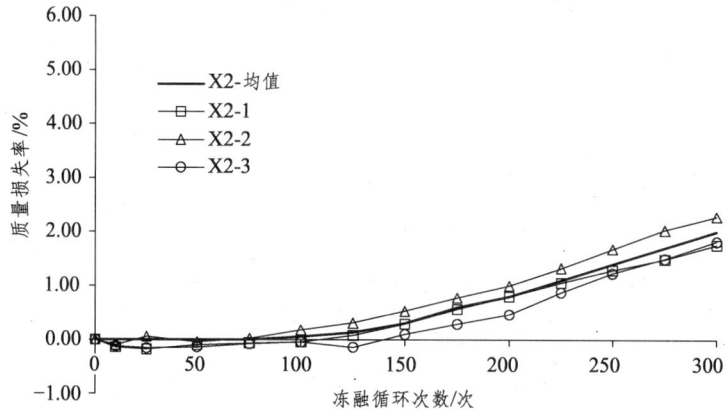

图 3-1-23　第 2 组纤维素纤维混凝土的质量损失率随冻融循环次数的变化规律

从以上各图可以看出，各组试件中每个试件质量损失差异不大，试件质量损失率测试符合规范规定。除聚丙烯纤维质量损失率的最大值或最小值与中间值之差有超过 1% 的情况出现外，其余各组试件均未出现此种情况。另外，聚丙烯纤维混凝土两组出现差异的冻融循环次数差别较大，聚丙烯纤维混凝土第 1 组在冻融循环 50 次即出现了离散性偏大的情况，而第 2 组则是在冻融循环达 200 次后才出现离散性偏大的现象。这可能是因为聚丙烯纤维本身是憎水性材质，而且直径较大，在混凝土搅拌制作过程中容易结团，纤维在混凝土内部分散不均，导致试件在浇筑过程中内部离散性较大。

图 3-1-24 为不同类型（纤维）混凝土的质量损失率随冻融循环次数的变化规律图。各组纤维混凝土的质量损失率均随着冻融循环次数的增加而增大，50 次冻融循环前，纤维混凝土同素混凝土的质量损失率差别不大，即在冻融初期，纤维对改善混凝土抗冻性能的作用不甚明显，这主要是由于混凝土的初始缺陷对其抗冻性能的影响在此阶段比纤维要明显。

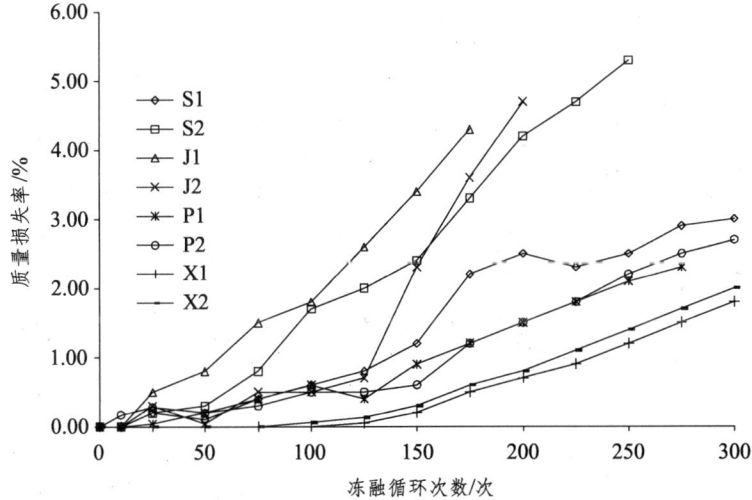

图 3-1-24　不同类型（纤维）混凝土的质量损失率随冻融循环次数的变化规律

50 次冻融循环后，聚丙烯纤维混凝土第 1 组与素混凝土第 2 组质量损失率迅速增大，而其余各组质量损失率仍缓慢增长，这可能是该两组试件在制作初期试件初始缺陷较多而导致的。但在 125 次冻融循环后,各组试件的质量损失率的斜率都明显增加,而且素混凝土与聚丙烯纤维混凝土的质量损失率增长特别明显。这说明在冻融环境中,素混凝土和聚丙烯纤维混凝土的质量损失加速发展,而其余两组纤维混凝土的质量损失率曲线比较平稳。这也表明冻融后期,纤维素纤维或聚乙烯醇纤维对混凝土抗冻性能的正面作用逐渐体现。

200 次冻融循环后,素混凝土的质量损失率为 2.5%~4%,而两组聚丙烯纤维混凝土的质量损失率均达到 5% 左右,约为素混凝土的 1.5 倍。聚乙烯醇纤维混凝土的质量损失率仅为 1.5%,约为素混凝土的 50%。纤维素纤维混凝土的质量损失约为 0.7%,约为素混凝土的 20%。由此可以看出,以上四种类型混凝土在冻融循环过程中抵抗剥蚀的能力由强到弱分别为:纤维素纤维混凝土 > 聚乙烯醇纤维混凝土 > 素混凝土 > 聚丙烯纤维混凝土。这一排序可能与纤维的亲水性能有着直接联系,纤维素纤维是三种纤维中亲水能力最好的,在混凝土搅拌过程中,此种纤维可以与水泥砂浆较好地胶结,一方面阻止了混凝土内部微裂纹的扩展,另一方面使得在冻融过程中混凝土内部应力较为均匀。因此,在很大程度上阻止了混凝土表面剥蚀。然而,聚丙烯纤维是一种憎水性纤维,在混凝土搅拌过程中与水泥砂浆不能较好地胶结,虽然它也能在一定程度起到阻裂的作用,但纤维表面与水泥砂浆之间有一个微小的薄弱带,在冻融循环过程中,试件外围的水沿着这一层薄弱带顺着纤维长度方向往混凝土内部渗透,并在结冰时产生膨胀压力,加速破坏混凝土与纤维之间的胶结,削弱了纤维在混凝土内部起到的正面作用,甚至其负面作用超过本身的正面作用,从而加速了混凝土的剥蚀或内部损伤。

③ 混凝土相对动弹性模量

在冻融循环过程中,质量损失率很难全面地反映混凝土的剥落情况,这主要是因为混凝土在冻融循环的作用下,其内部原生孔隙会扩展,并且会有新的孔隙、微裂纹在试件内部生长。当这些情况发生后,试件外围的自由水便会沿着各种通道逐渐渗入,直至这些孔隙、裂纹吸水饱和,而这些填充进去的水会在一定程度上抵消试件表面剥落引起的质量损失。由图 3-1-16~图 3-1-23 可知,试件在冻融初期质量损失率为负值,这主要是填充孔隙、微裂纹的自由水的质量大于试件表面剥落引起的质量损失。随着冻融循环的增加,试件表面剥落的质量逐渐大于填充孔裂隙的自由水质量,因此,质量损失率逐渐由负值变成正值并逐渐增长。

相对动弹性模量是利用动弹性模量测定仪根据声波检测原理测定混凝土试件的共振频率,再由式(3-1-4)及式(3-1-5)计算得到。该检测方法不用损坏试件,测试完成后可继续进行相关试验,大大减少了试件的数量和试验试件,因此被众多规范采用,作为一种反映混凝土冻融破坏的重要指标。试件在冷冻过程中,试件内部自由水结冰形成静水压力或渗透压,在升温融化时,这些压力又逐渐减低,混凝土便在这样一种交互作用下工作。这使得混凝土内部孔洞的数量增多、直径增大,或伴随着微裂纹的生长、扩展,试件逐渐由致密发展到疏松,相对动弹性模量正好反映了这一变化过程。

单个试件相对动弹性模量计算公式:

$$P_i = \frac{f_{ni}^2}{f_{0i}^2} \times 100\% \tag{3-1-4}$$

式中:P_i——经 n 次冻融循环后第 i 个混凝土试件的相对动弹性模量(%),精确至 0.1;

f_{ni}——经 n 次冻融循环后第 i 个混凝土试件的横向基频(Hz);

f_{0i}——冻融循环试验前第 i 个混凝土试件的横向基频初始值(Hz)。

一组试件相对动弹性模量计算公式:

$$P = \frac{1}{3}\sum_{i=1}^{3} P_i \tag{3-1-5}$$

式中:P——经 n 次冻融循环后一组混凝土试件的相对动弹性模量(%),精确至 0.1。

相对动弹性模量 P 以 3 个试件试验结果的算术平均值作为测定值。当最大值或最小值与中间值之差超过中间值的 15% 时,应剔除此值,并取其余两值的算术平均值作为测定值;当最大值和最小值与中间值之差超过中间值的 15% 时,取中间值作为测定值。

图 3-1-25 及图 3-1-26 反映了素混凝土各个试件的相对动弹性模量变化

规律,由图可知,素混凝土两组试件的离散性比较小,均满足规范的要求。各个试件均随着冻融循环次数的增加,其相对动弹性模量均有下降的趋势,但降低的速度有所不同,175 次冻融循环前,试件的相对动弹性模量降低的速度相对较缓。但 175 次冻融循环后,其降低速度有略微增加。300 次冻融循环后,第 1 组素混凝土的相对动弹性模量约有 53%,而第 2 组则由于质量损失严重,在 250 次冻融循环后便达到破坏标准。

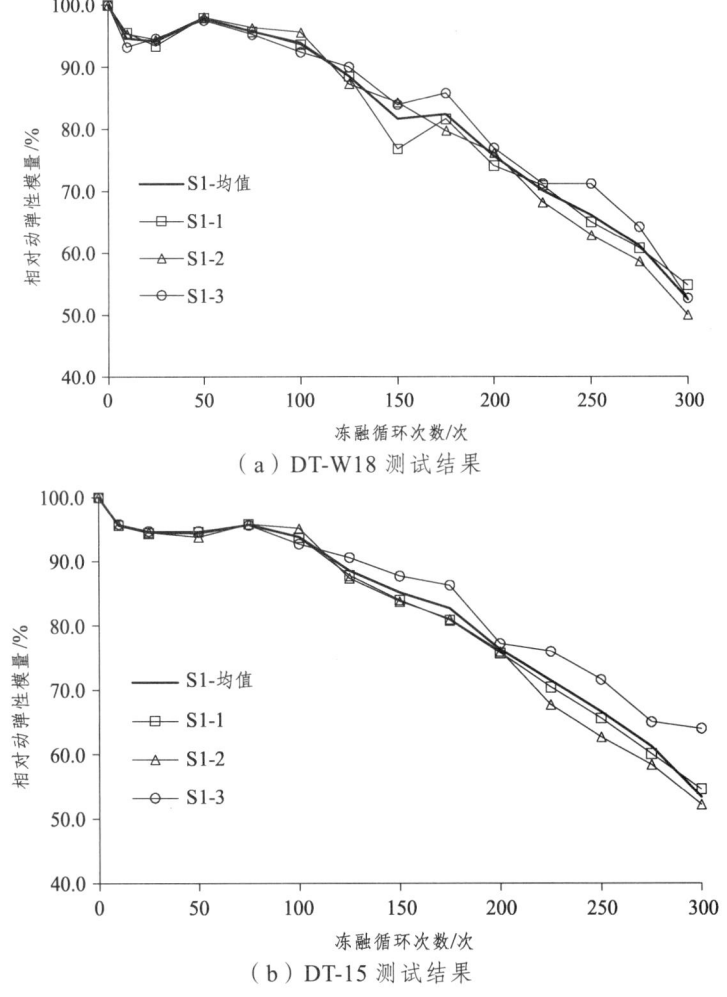

(a) DT-W18 测试结果

(b) DT-15 测试结果

图 3-1-25 第 1 组素混凝土相对动弹性模量随冻融循环次数变化规律

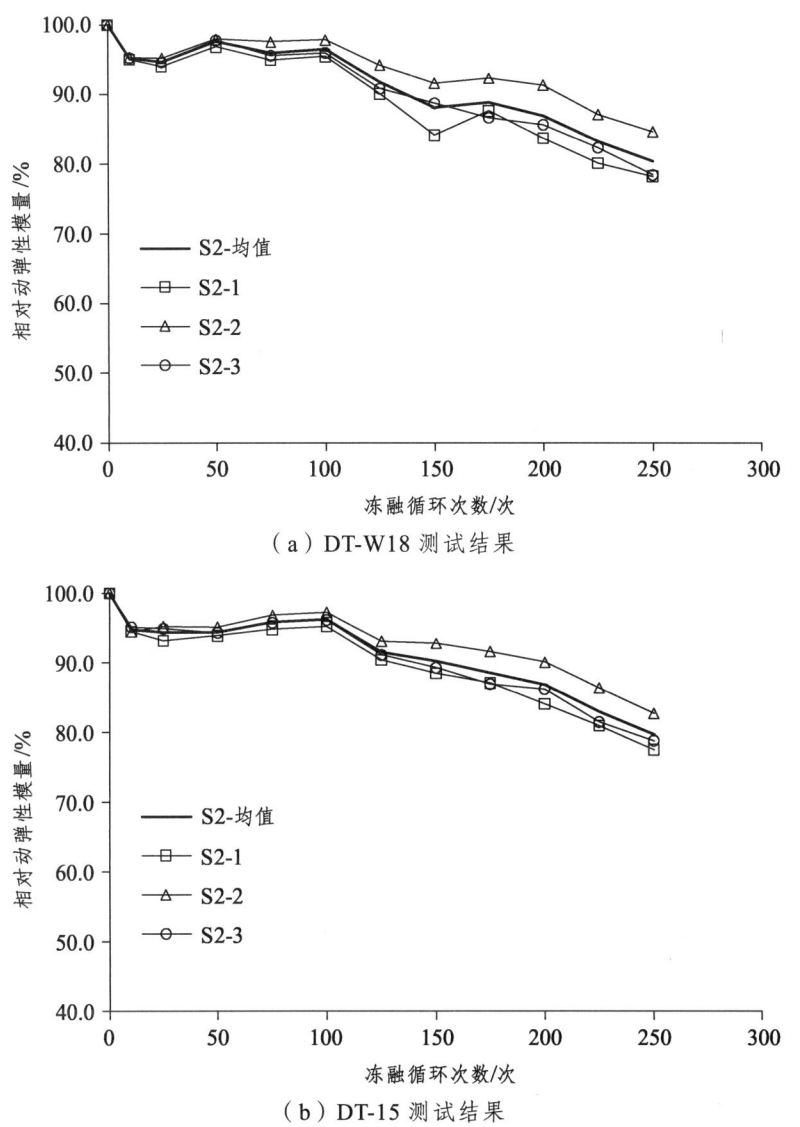

（a）DT-W18 测试结果

（b）DT-15 测试结果

图 3-1-26　第 2 组素混凝土相对动弹性模量随冻融循环次数变化规律

图 3-1-27 和图 3-1-28 反映了两台不同动弹性模量测定仪测得的聚丙烯纤维混凝土相对动弹性模量变化规律。100 次冻融循环前，两组试件的相对动弹性模量降低速率较缓，且离散性也相对较小，经 100 次冻融后，两

组试件的相对动弹性模量分别为 88.9%、88.7%。但 100 次冻融循环后，两组试件的离散性迅速增大，并且其相对动弹性模量下降速度也明显加快。第 1 组聚丙烯纤维混凝土在 150 次冻融循环后相对动弹性模量便降低至 60%以下，而第 2 组则在 200 次冻融循环后降低至 60%以下。

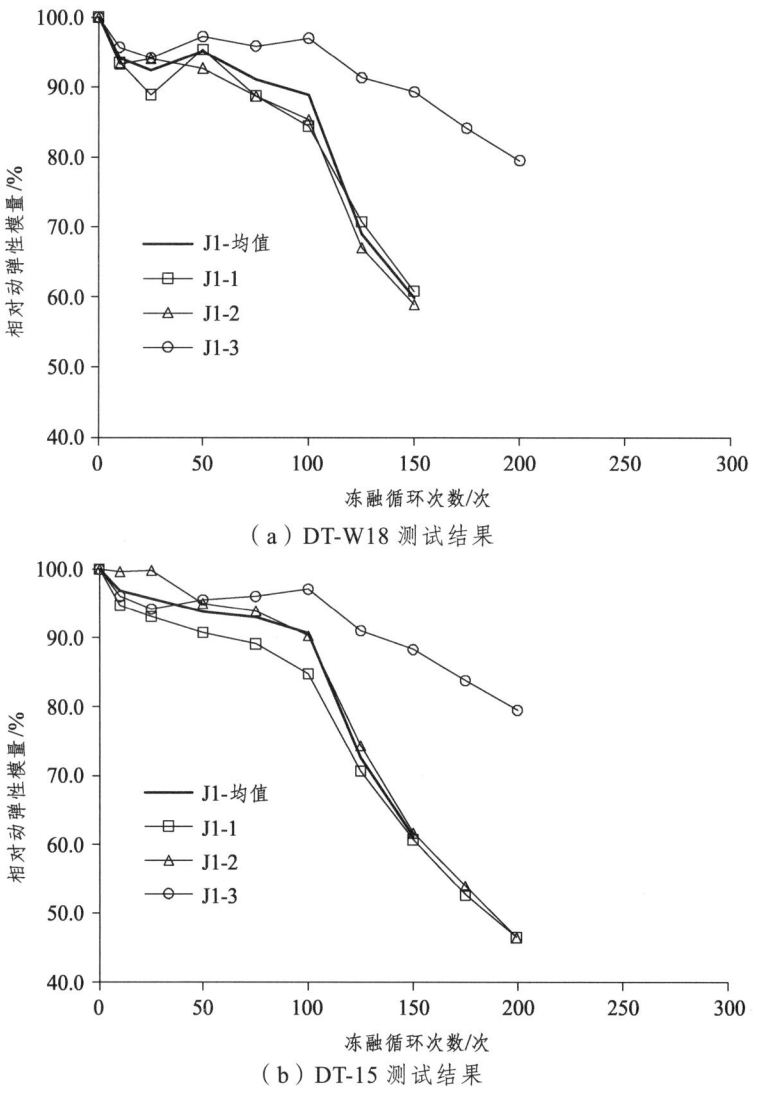

（a）DT-W18 测试结果

（b）DT-15 测试结果

图 3-1-27　第 1 组聚丙烯纤维混凝土相对动弹性模量随冻融循环次数变化规律

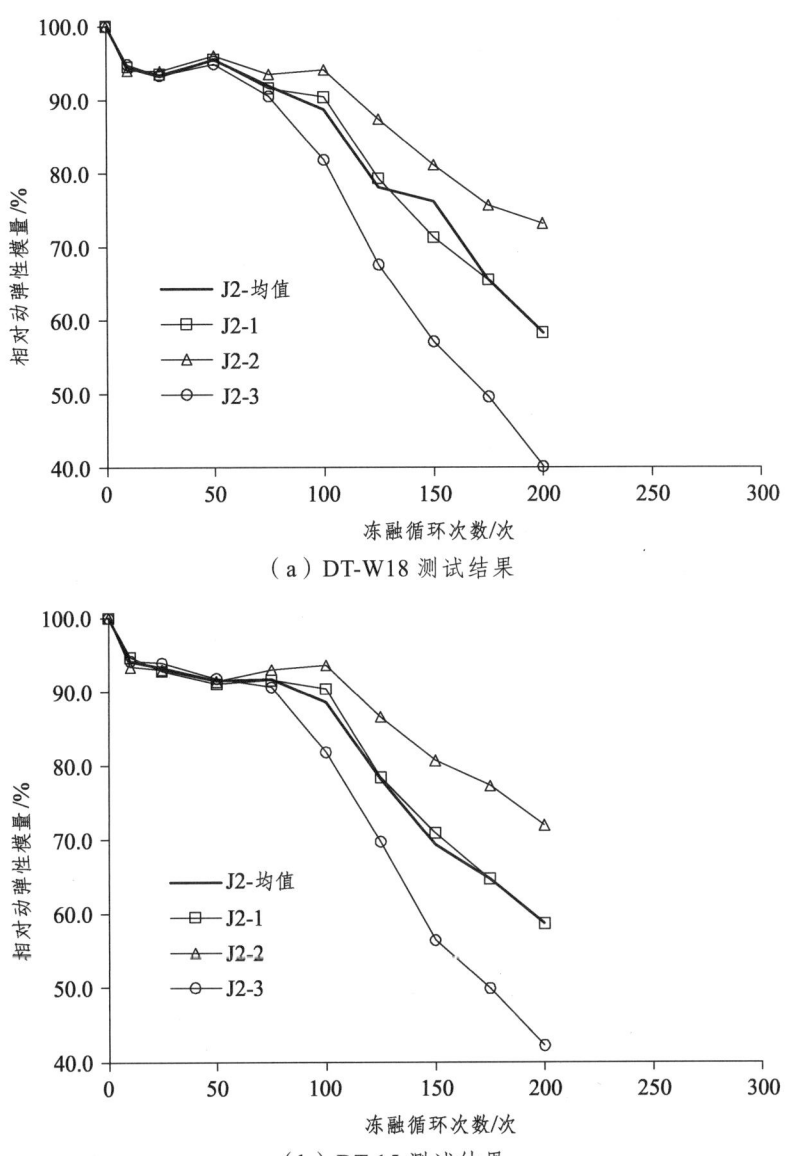

(a) DT-W18 测试结果

(b) DT-15 测试结果

图 3-1-28　第 2 组聚丙烯纤维混凝土相对动弹性模量随冻融循环次数变化规律

图 3-1-29 与图 3-1-30 反映了两台不同动弹性模量测定仪测得的聚乙烯醇纤维混凝土相对动弹性模量变化规律。两组试件的离散性均比较小，250

次冻融循环前，两组试件的离散性均在规范规定范围内，但 250 次冻融循环之后第 1 组试件已达到破坏标准，而且离散性也较大。

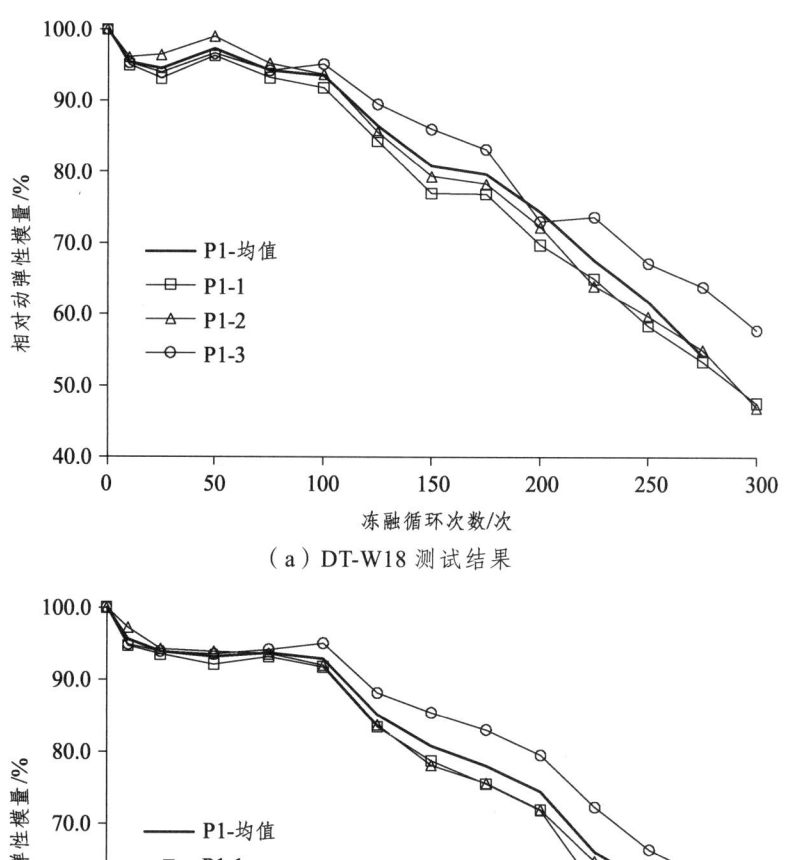

图 3-1-29　第 1 组聚乙烯醇纤维混凝土相对动弹性模量随冻融循环次数变化规律

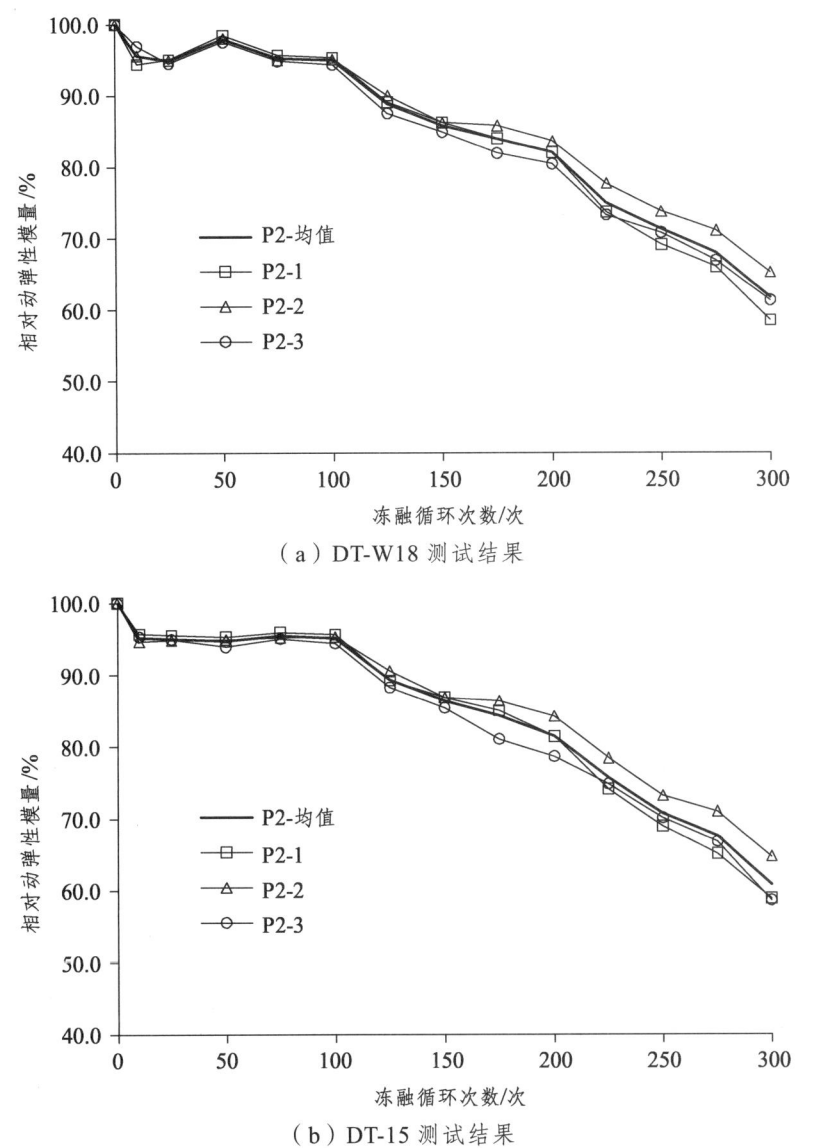

（a）DT-W18 测试结果

（b）DT-15 测试结果

图 3-1-30　第 2 组聚乙烯醇纤维混凝土相对动弹性模量随冻融循环次数变化规律

图 3-1-31 与图 3-1-32 反映了两台不同动弹性模量测定仪测得的纤维素纤维混凝土相对动弹性模量变化规律。在整个冻融循环过程中，纤维素纤维混凝土的相对动弹性模量降低速率比较均匀，且降低速率较小。在 300

次冻融循环后,两组纤维素纤维混凝土的相对动弹性模量仍有 72%、59% 左右,相对来说比另外三组具有更好的抗冻性能。

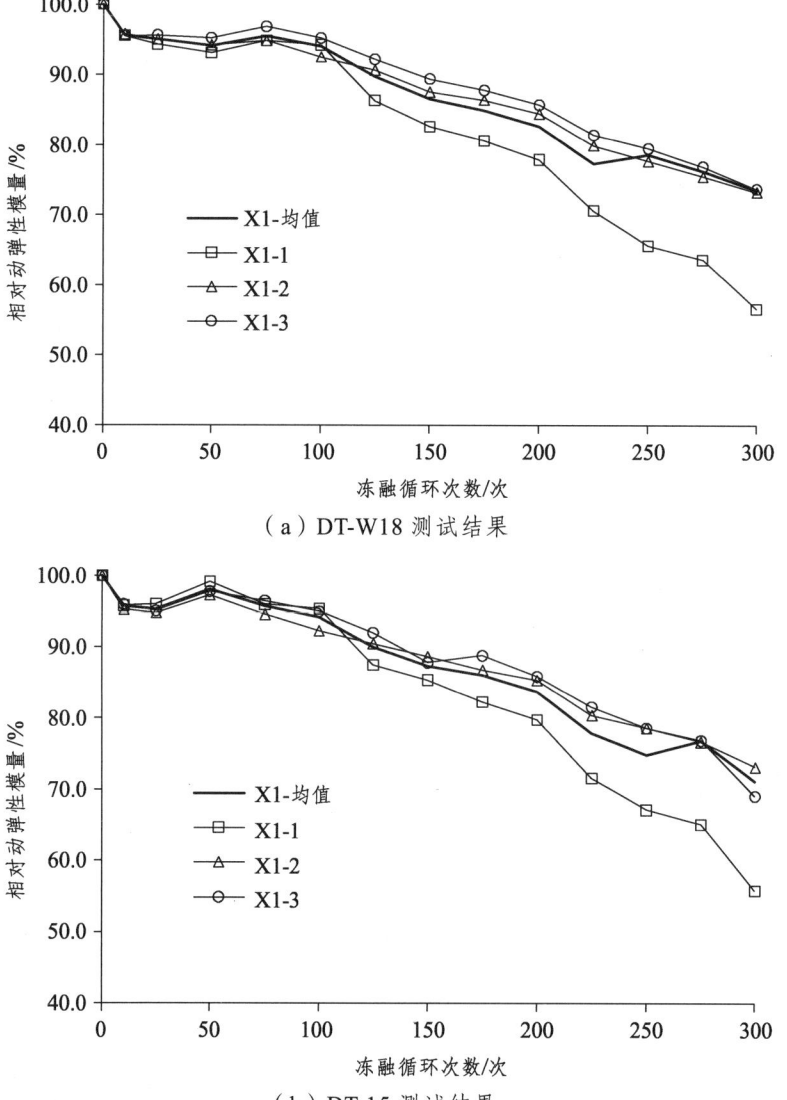

图 3-1-31 第 1 组纤维素纤维混凝土相对动弹性模量随冻融循环次数变化规律

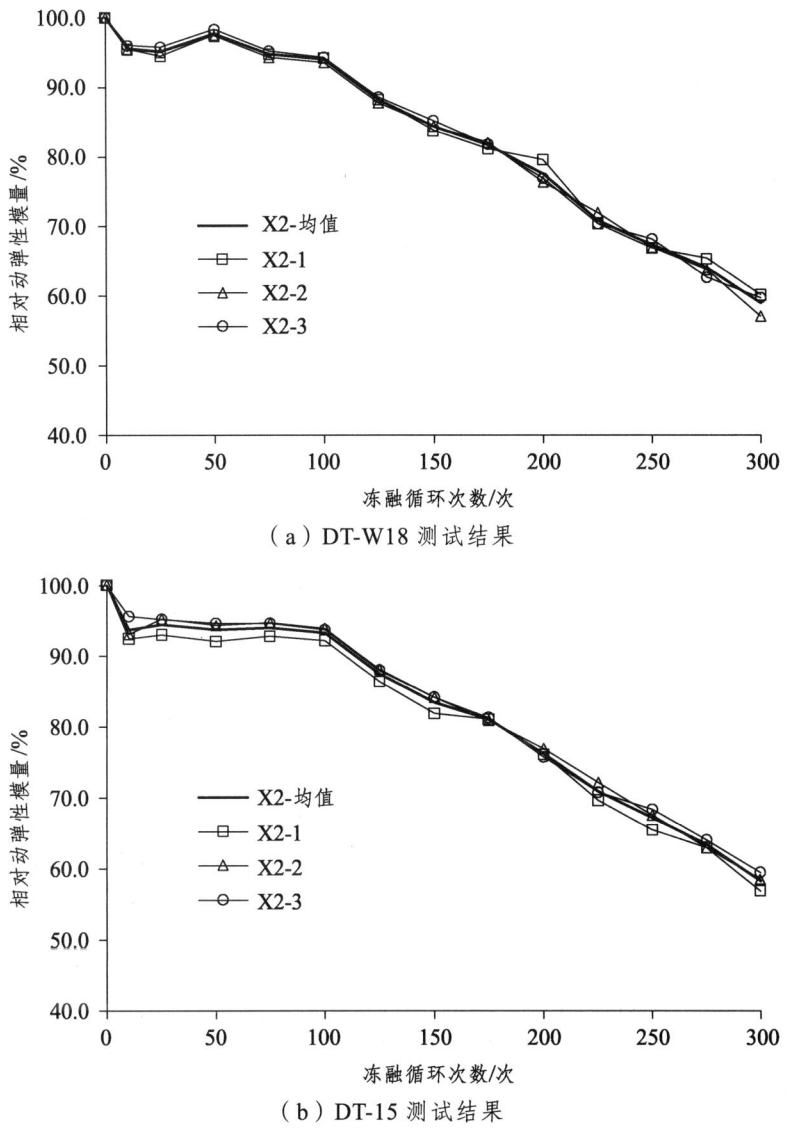

图 3-1-32　第 2 组纤维素纤维混凝土相对动弹性模量随冻融循环次数变化规律

分析图 3-1-33 可知，各组试件经 10 次冻融循环后相对动弹性模量均在 95%左右，但经 25 次冻融循环后相对动弹性模量均在 94%左右。这可能是试件在制作过程中本身存在一些缺陷，而在冻融环境下，这些初始缺陷被迅速放大，但是随着冻融循环的进行，这一放大作用明显减小，随后变成冻融循环对试件产生损伤致使相对动弹性模量降低。

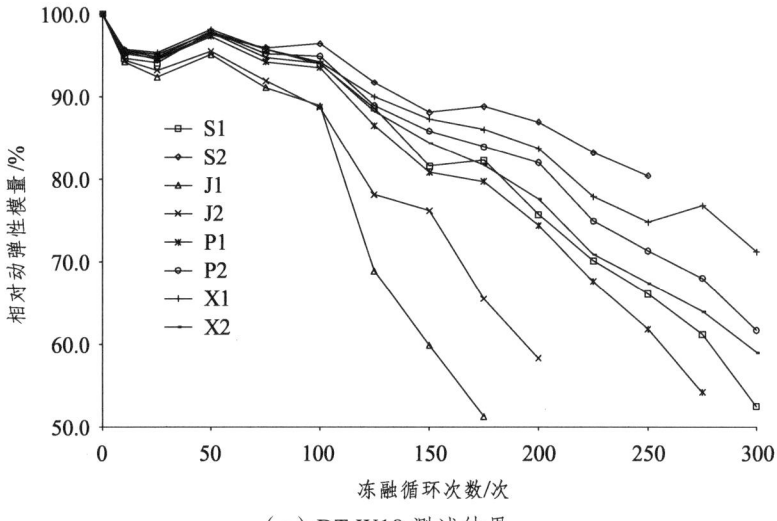

（a）DT-W18 测试结果

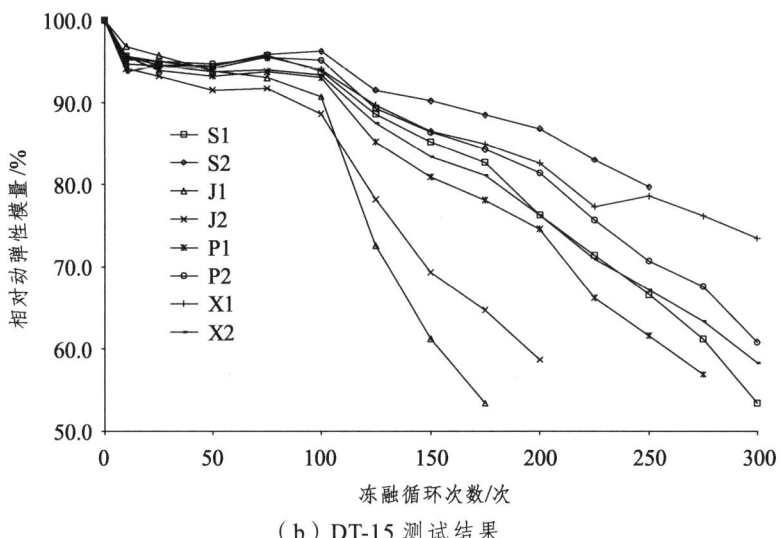

（b）DT-15 测试结果

图 3-1-33　各组（纤维）混凝土相对动弹性模量随冻融循环次数变化规律

100 次冻融循环前，8 组混凝土的相对动弹性模量的差异较小，S1、

S2、J1、J2、P1、P2、X1 和 X2 的相对动弹性模量（以 DT-W18 为例）分别为：93.9%、96.4%、88.9%、88.7%、93.5%、94.9%、94.2%和 94.0%。素混凝土相对动弹性模量相对还偏高一点，可见在冻融初期，纤维对混凝土抗冻性的影响较小，而混凝土初始缺陷对其抗冻性的影响要更大。因此，提高混凝土浇筑质量，减少混凝土的初始缺陷是提高混凝土抗冻性能的重要措施之一。

100 次冻融循环后，8 组试件下降速度均有加快，但各组混凝土的相对动弹性模量下降速度差异逐渐扩大，且聚丙烯纤维混凝土的下降速度最快。经过 150 次冻融循环后，两组聚丙烯纤维混凝土的相对动弹性模量分别只有 59.9%与 76.2%（DT-W18），而其余各组相对动弹性模量仍有 80%以上。可见，经过 100 次冻融循环后，纤维对混凝土的影响逐渐明显。

200 次冻融循环后，各组试件的相对动弹性模量降低速率进一步增大，但增长幅度不甚明显。由图 3-1-33（a）可知，聚丙烯纤维混凝土的相对动弹性模量仅有 44.9%与 58.3%，而 S1、S2、P1、P2、X1 和 X2 的相对动弹性模量仍分别为：75.5%、86.9%、74.4%、82%、83.7%、77.6%。可见，聚丙烯纤维的掺入不仅没有对混凝土的抗冻性能起到积极作用，反而很大程度上降低了混凝土的抗冻能力，这主要是由于前面提到的聚丙烯纤维的憎水性使得纤维与水泥砂浆胶结不良好形成的薄弱带加速了混凝土的冻融破坏。而另外两组纤维由于有较好的亲水性，对混凝土抵抗冻融破坏起到了积极作用。

275 次冻融循环后，第 2 组素混凝土由于质量损失严重已达到破坏标准，第 1 组聚乙烯醇纤维混凝土则由于相对动弹性模量已降为 54.2%，达到了冻融破坏的标准，而纤维素纤维混凝土的整体性能仍然较好。300 次冻融循环后，第 1 组素混凝土的相对动弹性模量也降低至 60%以下，为 52.5%。而纤维素纤维混凝土的相对动弹性模量分别为 71.2%、59.0%，其质量损失率仅为 2%。由此可以看出，纤维素纤维混凝土的整体抗冻性能明显优于另外 3 种混凝土。

④ 混凝土的动弹性模量

混凝土动弹性模量是根据动弹性模量测定仪利用声波在试件内部传输时，当声波频率与试件本身固有频率相同时便会产生共振现象，从而利用试件的质量、尺寸、基频通过反算得出混凝土的动弹性模量，具体可由式（3-1-6）计算得出。

$$E_d = 13.244 \times 10^{-10} \times WL^3 f^2 / a^4 \quad (3\text{-}1\text{-}6)$$

式中：E_d——混凝土动弹性模量（MPa）；

a——正方形截面试件的边长（mm）；

L——试件的长度（mm）；

W——试件的质量（kg），精确至 0.01 kg；

f——试件横向振动时的基频振动频率（Hz）。

其值为 3 个试件的动弹性模量的试验结果的算术平均值，精确至 100 MPa。图 3-1-34～图 3-1-41 是各组混凝土的动弹性模量随冻融循环次数的变化规律。由图可知，各组（纤维）混凝土的动弹性模量随冻融循环次数变化规律相似，均随着冻融循环次数的增加而降低。

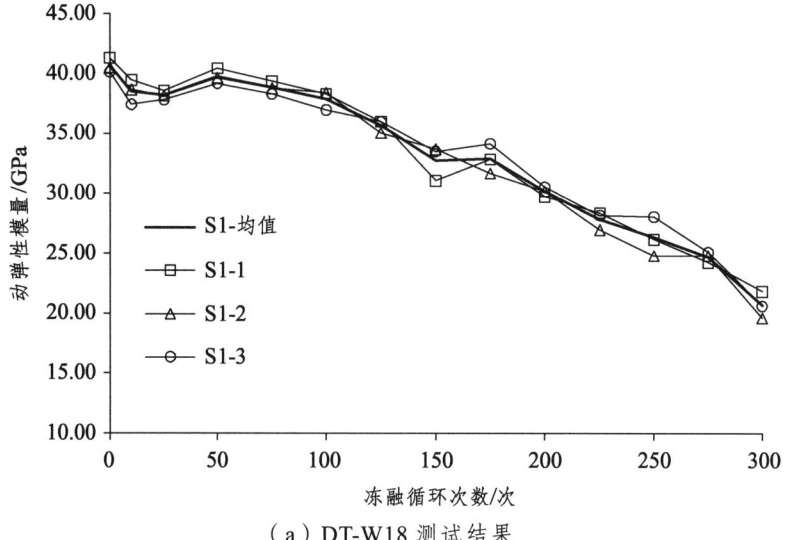

（a）DT-W18 测试结果

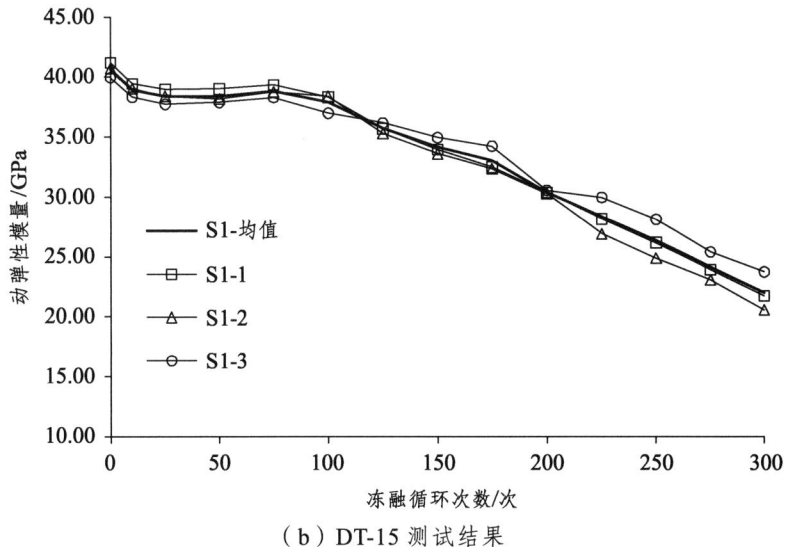

（b）DT-15 测试结果

图 3-1-34　第 1 组素混凝土动弹性模量随冻融循环次数变化规律

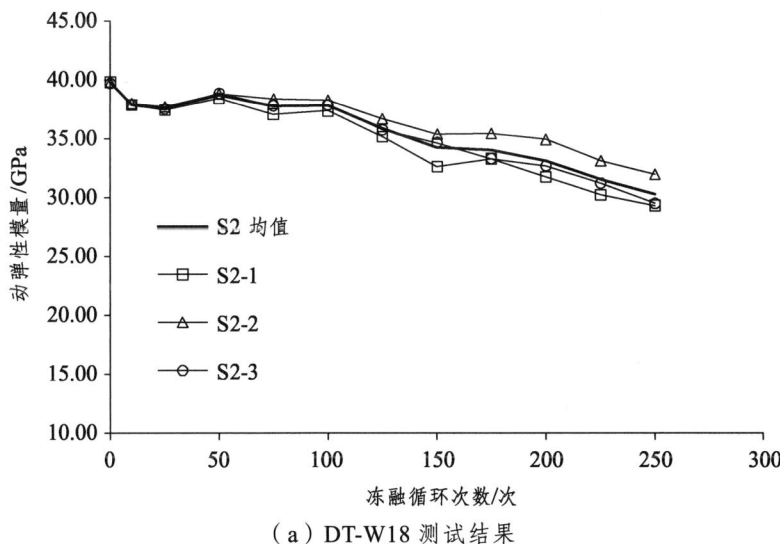

（a）DT-W18 测试结果

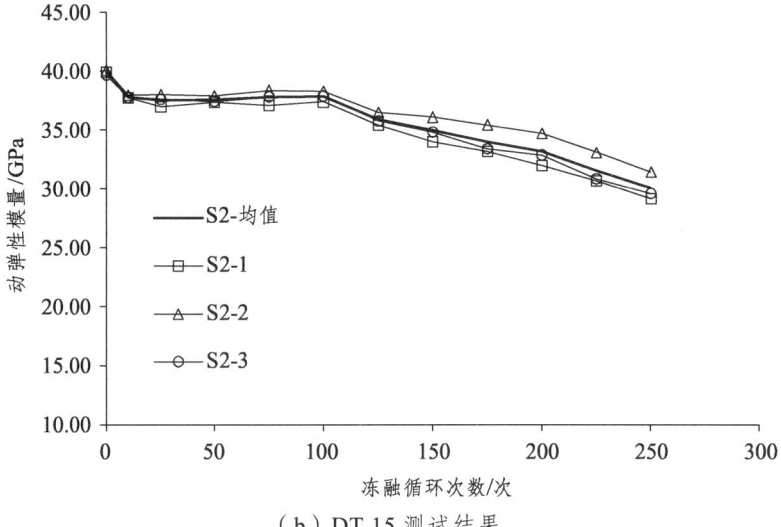

(b) DT-15 测试结果

图 3-1-35　第 2 组素混凝土动弹性模量随冻融循环次数变化规律

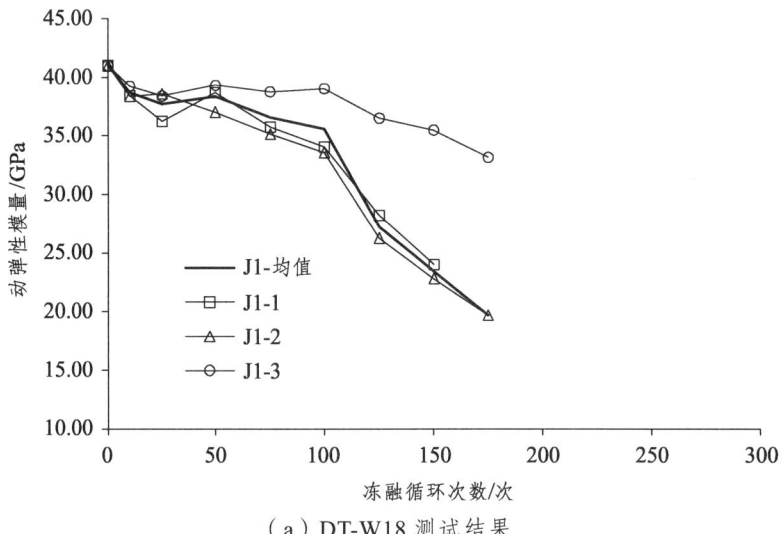

(a) DT-W18 测试结果

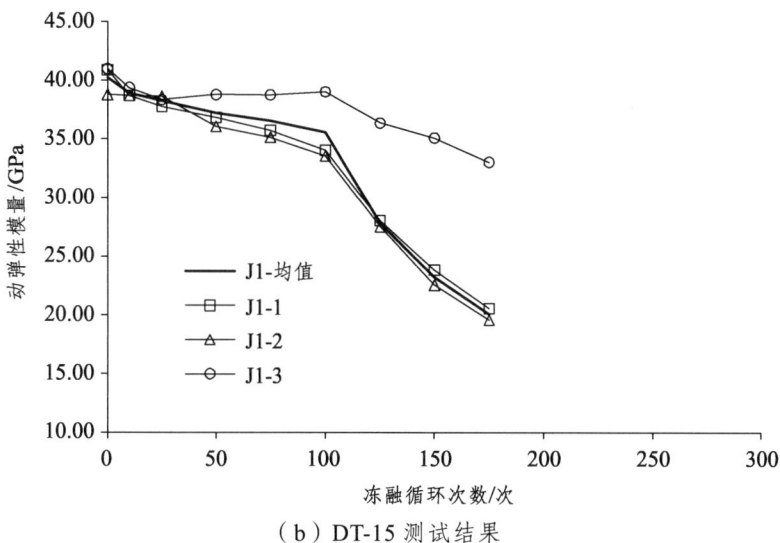

（b）DT-15 测试结果

图 3-1-36　第 1 组聚丙烯纤维混凝土动弹性模量随冻融循环次数变化规律

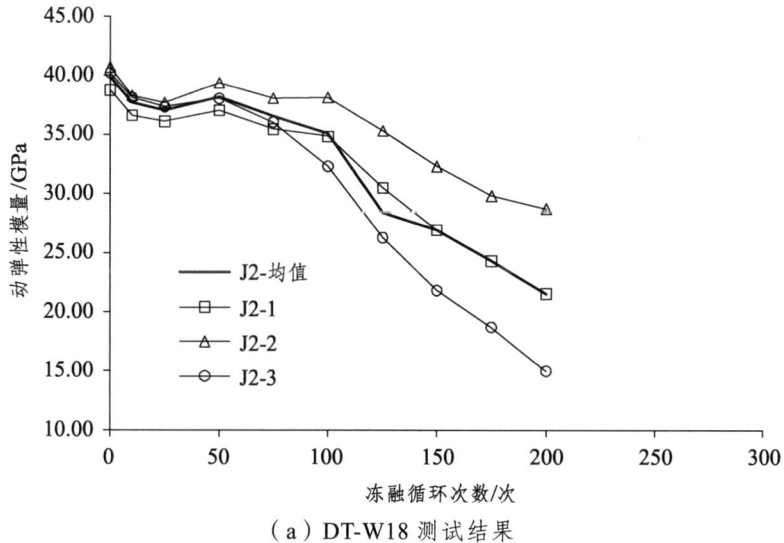

（a）DT-W18 测试结果

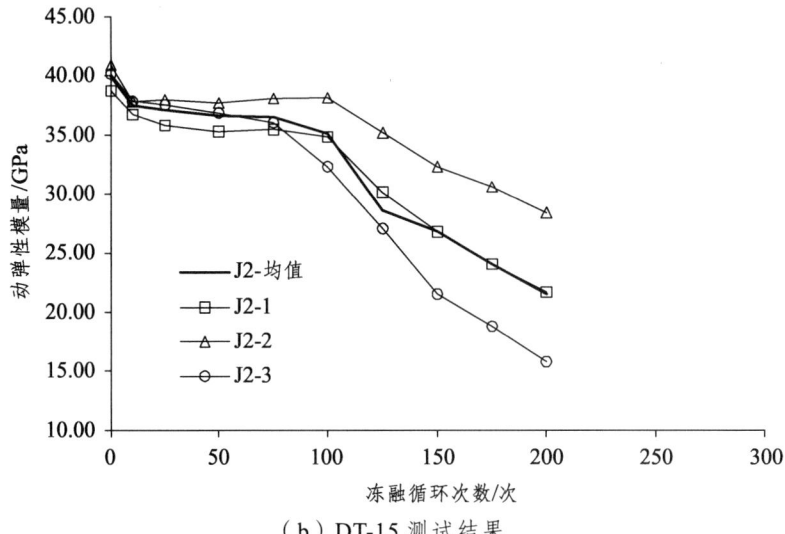

（b）DT-15 测试结果

图 3-1-37　第 2 组聚丙烯纤维混凝土动弹性模量随冻融循环次数变化规律

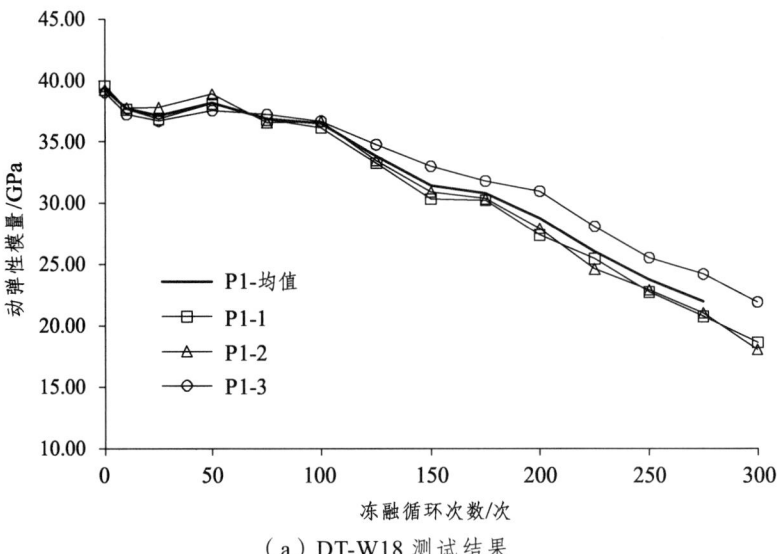

（a）DT-W18 测试结果

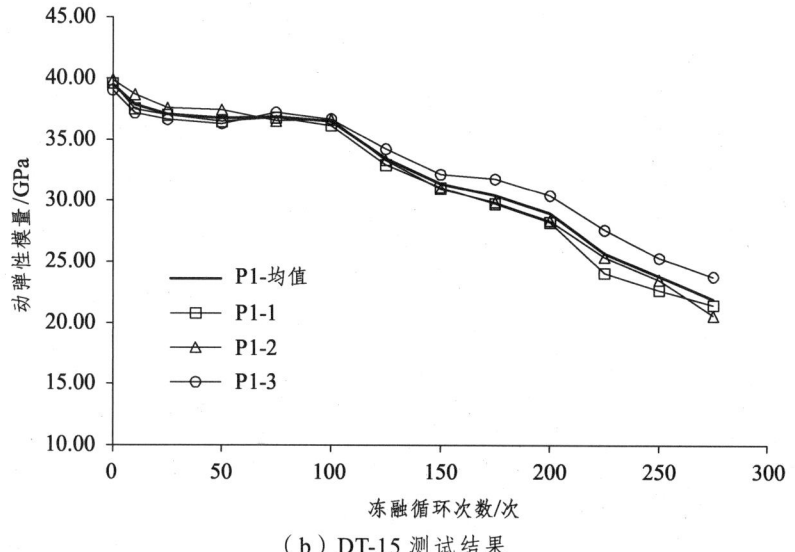

（b）DT-15 测试结果

图 3-1-38　第 1 组聚乙烯醇纤维混凝土动弹性模量随冻融循环次数变化规律

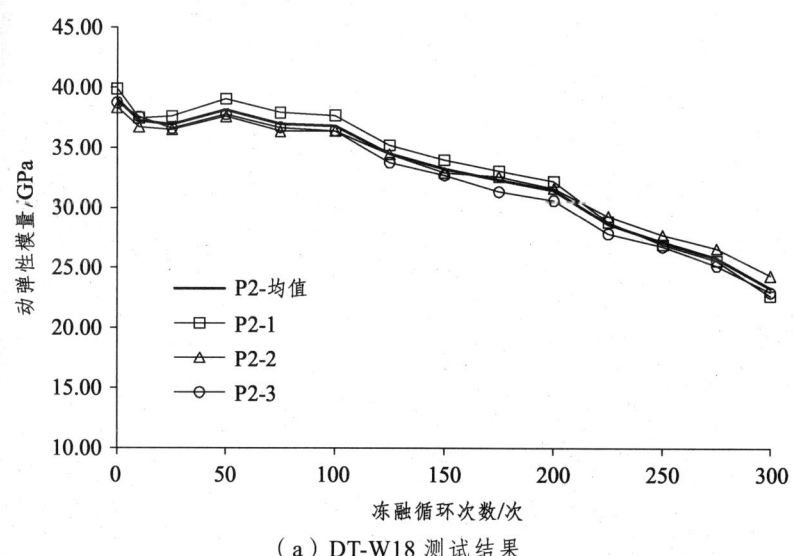

（a）DT-W18 测试结果

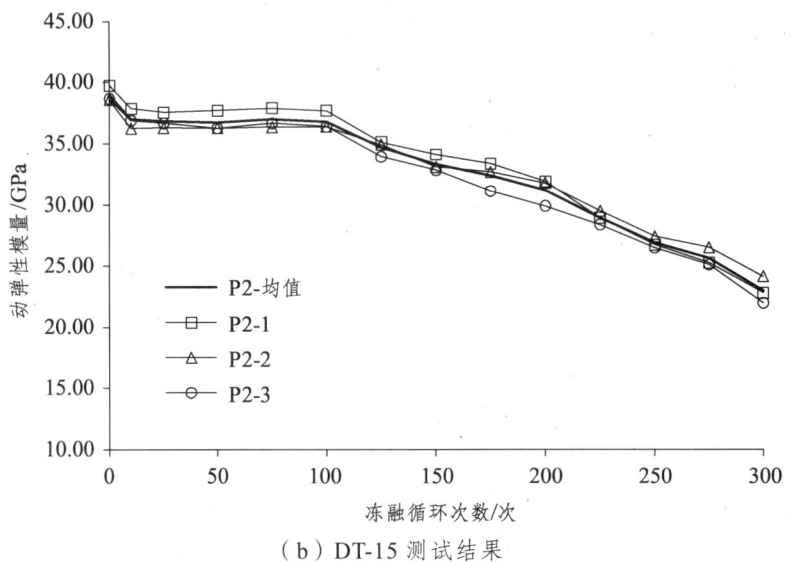

（b）DT-15 测试结果

图 3-1-39　第 2 组聚乙烯醇纤维混凝土动弹性模量随冻融循环次数变化规律

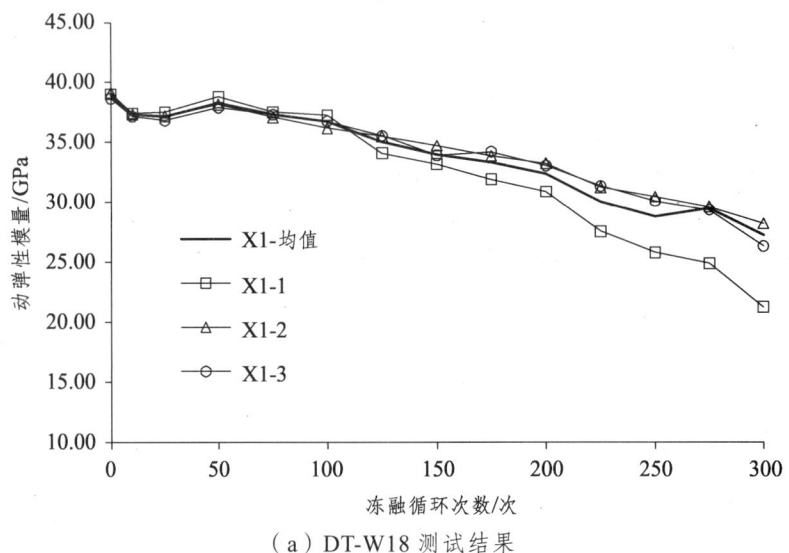

（a）DT-W18 测试结果

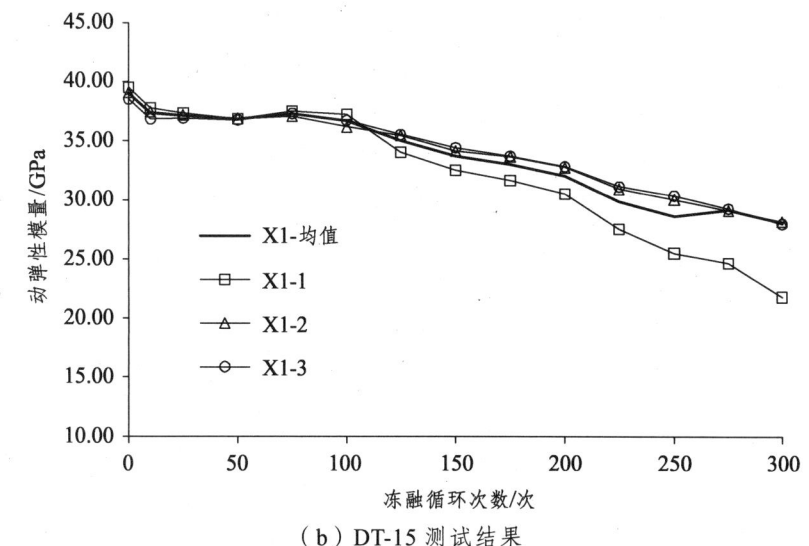

（b）DT-15 测试结果

图 3-1-40　第 1 组纤维素纤维混凝土动弹性模量随冻融循环次数变化规律

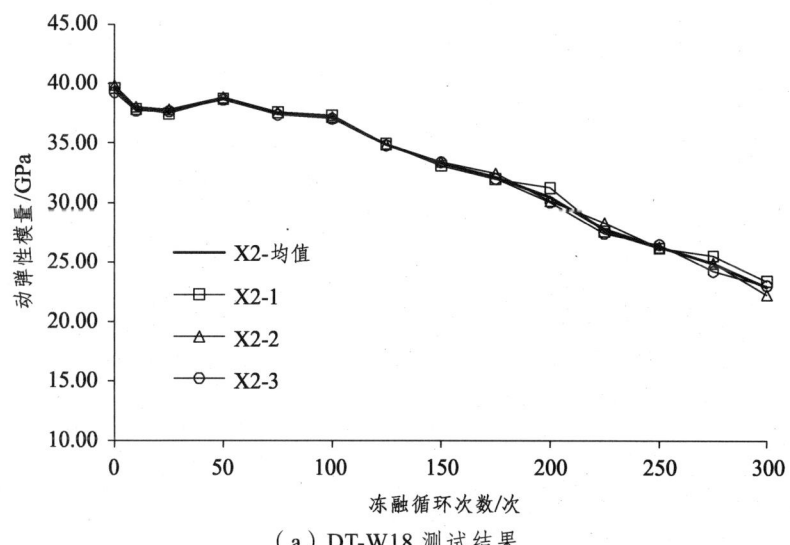

（a）DT-W18 测试结果

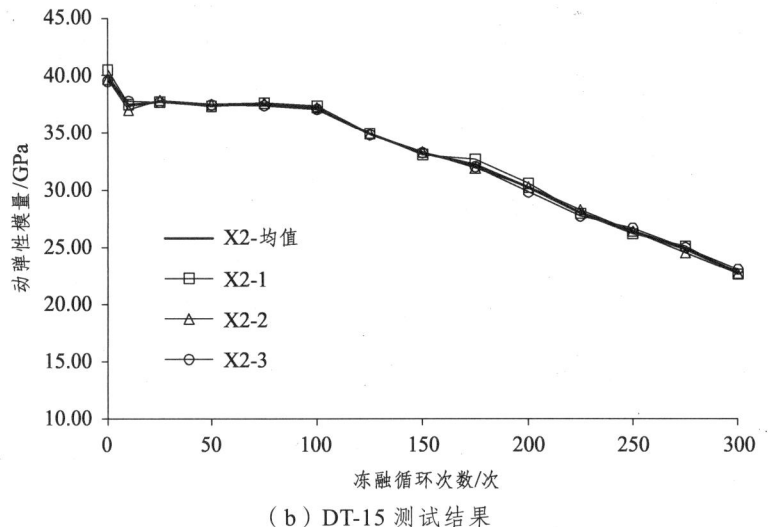

（b）DT-15 测试结果

图 3-1-41　第 2 组纤维素纤维混凝土动弹性模量随冻融循环次数变化规律

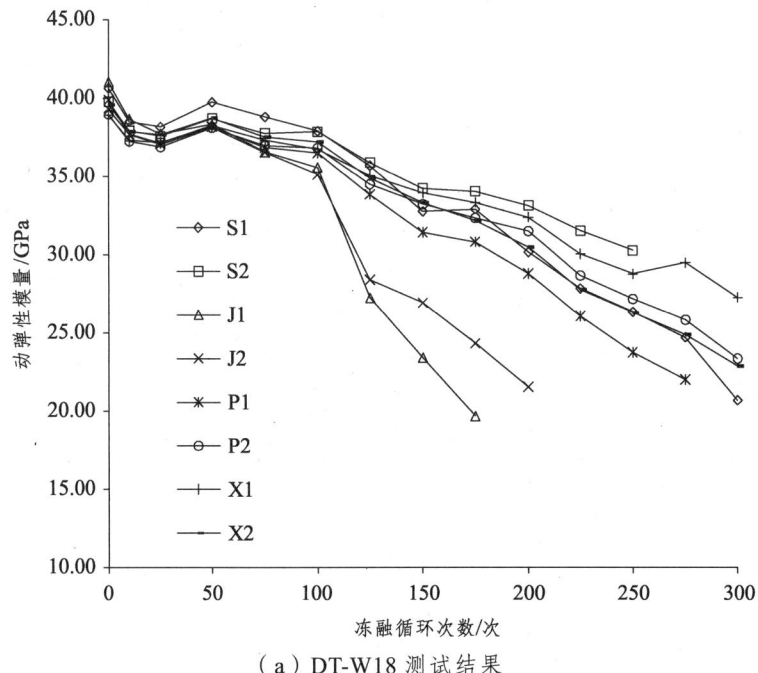

（a）DT-W18 测试结果

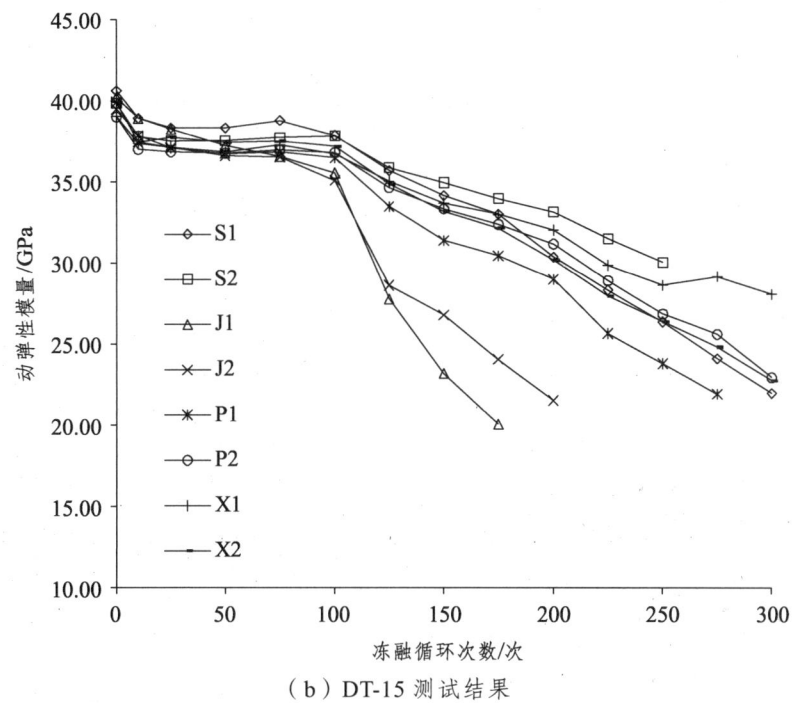

（b）DT-15 测试结果

图 3-1-42　各组混凝土动弹性模量随冻融循环次数变化规律

图 3-1-42 反映了各组混凝土动弹性模量随冻融循环次数变化规律，在冻融循环之前，S1、S2、J1、J2、P1、P2、X1 和 X2 的动弹性模量分别为 40.63、39.78、41.02、39.88、39.27、38.97、38.92、39.58 GPa，各组的动弹性模量值均十分接近，基本都在 40 GPa 左右，说明纤维的掺入对混凝土的初始动弹性模量影响很小。

100 次冻融循环后，S1、S2、J1、J2、P1、P2、X1 和 X2 的动弹性模量分别 37.88、37.84、35.55、35.09、36.48、36.80、36.72、37.19 GPa。除聚丙烯纤维混凝土的动弹性模量降低比较明显外（约降低了 5 GPa），其余各组降低幅度均比较小。由数据可知，素混凝土的动弹性模量值还略大于纤维混凝土的动弹性模量值，这进一步说明了在冻融初期，纤维对混凝土的抗冻能力的影响并不明显。

200 次冻融循环后，聚丙烯纤维混凝土均已达到破坏标准，而其余各组均没有达到破坏标准。其中，S1、S2、P1、P2、X1 和 X2 的动弹性模量分别 30.14、33.11、28.77、31.48、32.37、30.48 GPa。可见，随着冻融循环次数的增长，纤维在混凝土内部的作用逐渐体现出来。

250 次冻融循环后，S2 由于质量损失严重而破坏，其余各组仍在破坏标准以内。300 次冻融循环后，S1、P1、X2 均达到破坏标准，其此时的动弹性模量仍分别有 20.68、19.41、22.89 GPa。而 P2 与 X1 仍然在破坏标准以内，其值分别为 23.35 GPa 与 27.26 GPa。

5. 小　结

经过 3 种纤维混凝土与素混凝土的冻融循环试验，可以得到以下结论：

（1）试验研究表明，素混凝土的坍落度值约为 160 mm。纤维对混凝土和易性有着重要影响，其纤维的掺入均会降低混凝土的坍落度值，但不同类型纤维降低的程度不同。聚丙烯纤维对混凝土的坍落度影响最小，其值约为素混凝土的 82%；而聚乙烯醇纤维及纤维素纤维对混凝土的坍落度影响明显，其值分别约为素混凝土的 42% 和 41%。

（2）纤维的掺入对混凝土的强度影响较小。同素混凝土相对比，聚丙烯纤维混凝土强度约提高了 2%，而聚乙烯醇纤维与纤维素纤维混凝土强度分别降低了约 3%、7%。

（3）4 种不同类型混凝土抗剥蚀能力有很大区别，其抗剥蚀能力由强至弱分别为：纤维素纤维混凝土>聚乙烯醇纤维混凝土>素混凝土>聚丙烯纤维混凝土。

（4）不同类型混凝土的相对动弹性模量随冻融循环次数变化规律有所不同，试验研究表明，纤维素纤维混凝土相对其他几组混凝土具有更好的抗冻能力。但在冻融初期，纤维改善混凝土的抗冻能力不甚明显，但随着冻融循环的进行，纤维的作用逐渐体现。

（5）通过前期冻融试验对比，4 种不同类型混凝土抗冻能力由强至弱分别为：纤维素纤维混凝土>聚乙烯醇纤维混凝土>素混凝土>聚丙烯纤维混凝土。

3.1.3 材料微观试验

1. 试验设备

本次试验主要利用四川大学分析测试中心 JSM-7500F 型冷场发射扫描电子显微镜进行，如图 3-1-43 所示。

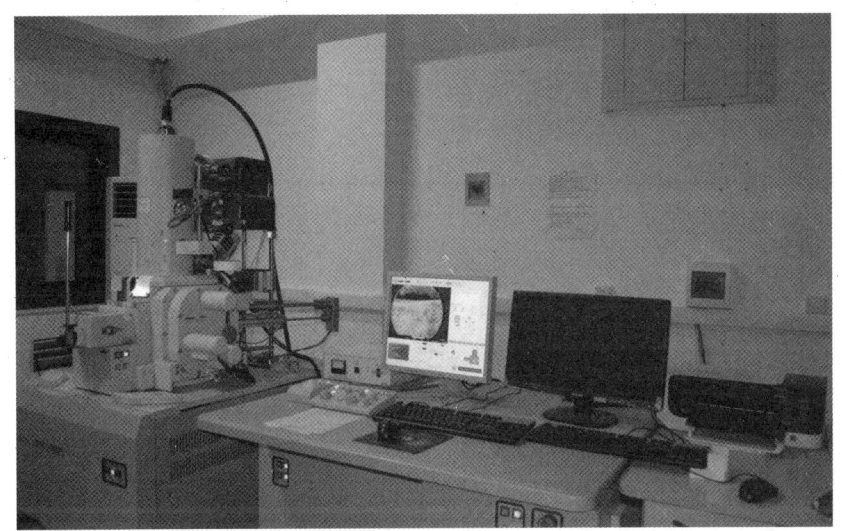

图 3-1-43　JSM-7500F 型冷场发射扫描电子显微镜

JSM-7500F 设备的主要参数：

分辨率：1.0 nm at 15 kV；1.4 nm at 1 kV；

加速电压：0.1～30 kV；

放大倍数：25～100 万倍；

样品室尺寸：最大 200 mm 直径样品；

束流强度：$1 \times 10^{-13} \sim 2 \times 10^{-9}$ A。

2. 试验流程

（1）上机前首先检查并确认以下内容：空调、除湿机工作是否正常，室内温度、湿度是否满足要求；样品台位置已还原，样品操作杆已退出；背散探头已退出；面板上枪开关已压下。

(2)打开主机显示屏。

(3)样品室放气,将准备好的样品放入样品室,抽真空。

(4)当真空度低于 5×10^{-4} Pa 时打开高压开关,设定好相应的工作条件,如加速电压、工作距离等,然后开始观察分析。

(5)如果试验过程中使用了背散射探头,用完后及时退出探头,且探头插入、退出时应关闭高压。

(6)观察分析工作结束后,关闭高压,样品台位置还原,样品操作杆位置还原,样品室放气,取出样品。

(7)样品取出后,样品室抽真空,关闭显示器。

3. 试验结果与分析

图 3-1-44 为纤维混凝土试样,图 3-1-45 为聚丙烯纤维混凝土扫描电镜结果。由图可知,纤维表面光滑,只有极少量的水泥砂浆黏结在纤维表面,纤维与水泥砂浆之间存在一个明显的薄弱带。

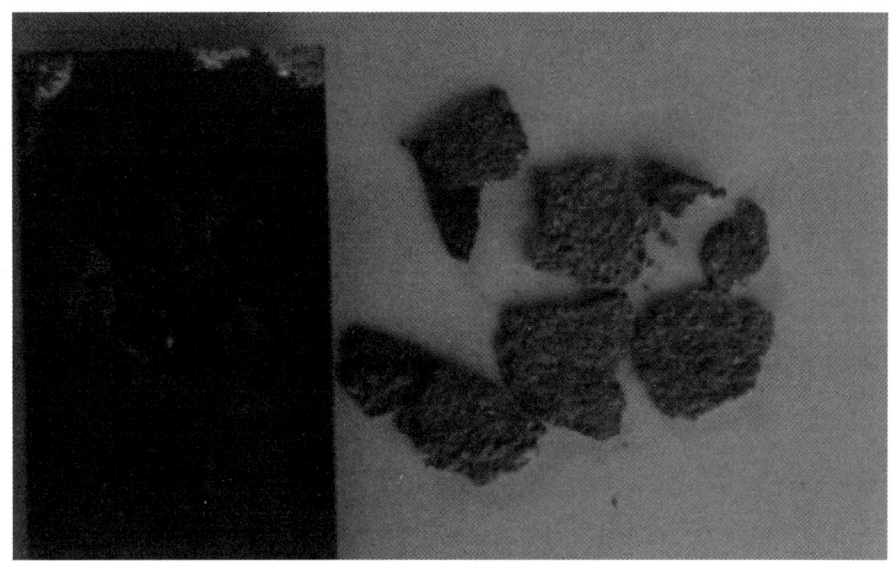

图 3-1-44 待测纤维混凝土试样

（a）放大 300 倍测试结果　　　　（b）放大 100 倍测试结果

图 3-1-45　聚丙烯纤维混凝土电镜扫描结果

图 3-1-46 为聚乙烯醇纤维混凝土扫描电镜结果。由图可知，纤维表面较为光滑，有少量水泥砂浆黏结在纤维表面。同聚丙烯纤维相比，聚乙烯醇纤维与水泥砂浆的薄弱面不甚明显。

（a）放大 300 倍测试结果　　　　（b）放大 1000 倍测试结果

图 3-1-46　聚乙烯醇纤维混凝土电镜扫描结果

图 3-1-47 为纤维素纤维混凝土扫描电镜结果。由图可知，纤维素纤维可以同水泥砂浆很好地胶结在一起，纤维表面与水泥砂浆较好地附裹在一起，且纤维与混凝土的胶结面不明显，无清晰的薄弱面存在。

（a）放大 500 倍测试结果　　　　（b）放大 1000 倍测试结果

图 3-1-47　纤维素纤维混凝土电镜扫描结果

通过扫描电镜结果可知，3 种纤维与水泥砂浆的胶结能力不一样，其胶结能力由强到弱分别为：纤维素纤维＞聚乙烯醇纤维＞聚丙烯纤维。在冻融环境作用下，自由水结冰体积膨胀，当冰体垂直于纤维纵向时，由于纤维与混凝土的胶结作用，可以减缓孔裂隙的应力集中，并起到阻裂的作用，致使混凝土内部孔裂隙生长缓慢，从而提高混凝土的抗冻能力。另一方面，自由水沿着纤维纵向渗入，当自由水受冻膨胀后，其在混凝土内部产生的应力进一步加速纤维与水泥砂浆剥离，从而加速混凝土的冻融破坏。从以上分析可知，纤维在混凝土内部一方面由于横向阻裂提高了混凝土的抗冻能力；另一方面由于纵向的薄弱带，加速水分向内渗入，从而降低了混凝土的抗冻能力。所以，纤维对混凝土的作用是这两方面的综合结果。当纤维能与水泥砂浆较好胶结时，不仅能提高横向阻裂能力，而且可以减轻纤维纵向的破坏程度，从而提高混凝土的抗冻融能力。这也解释了纤维素纤维混凝土的抗冻能力优于其他两种纤维混凝土。

3.2　纤维掺量试验研究

3.2.1　试验准备工作

1. 含水率测定

砂、碎石含水率测试方法如 3.1.2 小节所述，经多次含水率测试得到：

本次浇筑试件所用河砂与碎石含水率分别为 0% 与 0.5%。

2. 试件的制作与养护

由 3.1 节可知，浇筑 C30 混凝土所需水灰比（W/C）为 0.46，砂率为 0.44。本次试件浇筑时实际施工用配合比如表 3-2-1 所示。

表 3-2-1 施工配合比　　　　　　　　　单位：kg/m³

试件种类	水泥	水	砂	碎石	减水剂	纤维掺量
纤维素纤维 0.6	409	183	798	1016	8.18	0.6
纤维素纤维 0.9	409	183	798	1016	8.18	0.9
纤维素纤维 1.2	409	183	798	1016	8.18	1.2
纤维素纤维 1.5	409	183	798	1016	8.18	1.5

本次试验的试件制作、试验方法主要依据《普通混凝土长期性能和耐久性能试验方法标准》（GB/T 50082—2009）、《普通混凝土力学性能试验方法标准》（GB/T 50081—2002）及《纤维混凝土试验方法标准》（CECS 13—2009）等试验规范。试件制作在四川大学江安校区土木结构实验室完成，混凝土采用 HJW-60 型搅拌机拌和。实验室混凝土拌制程序为：依次放入细骨料、一半左右的纤维、水泥、一半左右的纤维、粗骨料，开机搅拌 90 s；加入水和减水剂，搅拌 3 min。出料后人工进行适当搅拌，采用人工与振动台共同振捣。经一至两昼夜后，脱模放入标准养护室养护[养护温度（20±2）℃，湿度大于 95%]，养护至规定龄期后进行抗压强度试验。

3. 试件的类型

本次试验浇筑的试件主要包含两个部分，即：（纤维）混凝土 28 d 抗压强度试验、（纤维）混凝土冻融循环试验，试验试件的尺寸、个数及坍落度值如表 3-2-2 所示。

表 3-2-2　试验试件概况

试件编号	冻融试件		强度试件		合计/个	坍落度/mm
	试件尺寸/cm	试件个数/个	试件尺寸/cm	试件个数/个		
0.6-1-i	10×10×40	3	15³	3	6	80
0.6-2-i	10×10×40	3	15³	3	6	65
0.9-1-i	10×10×40	3	15³	3	6	90
0.9-2-i	10×10×40	3	15³	3	6	75
1.2-1-i	10×10×40	3	15³	3	6	70
1.2-1-i	10×10×40	3	15³	3	6	70
1.5-1-i	10×10×40	3	15³	3	6	65
1.5-2-i	10×10×40	3	15³	3	6	70

注：$i=1,2,3$。

通过试验可知，8 组纤维素纤维混凝土的黏聚性与保水性良好，无石子崩析、稀浆析出现象，锥体含浆饱满。由表 3-2-2 及图 3-2-1 可知，不同掺量的纤维素纤维对混凝土的坍落度影响很小，无明显区别。

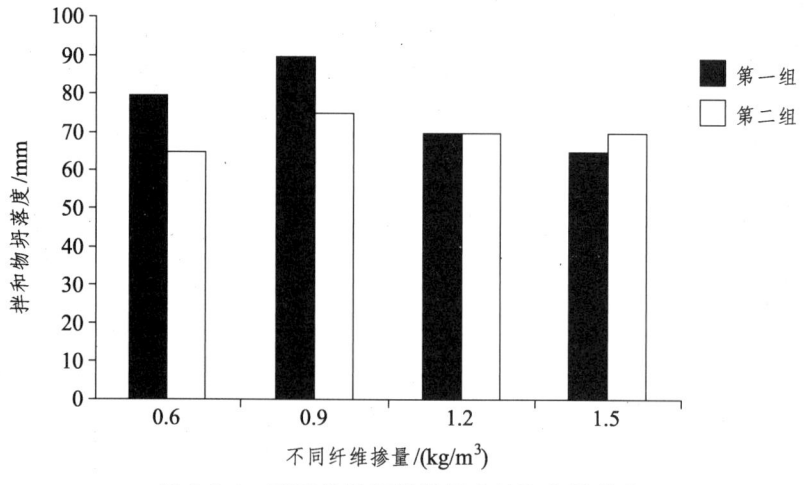

图 3-2-1　不同掺量纤维混凝土拌和物坍落度

3.2.2 立方体试件 28 d 抗压强度试验

当试件在标准养护箱中养护时间达到 28 d 后,将试件从标准养护箱中取出并进行混凝土单轴抗压强度试验。试验所用设备及具体方法如第 3 章所述。各组试件测试结果如表 3-2-3~表 3-2-6 所示。

表 3-2-3　纤维掺量为 0.6 kg/m³ 混凝土 28 d 抗压强度试验

编号	试件尺寸/cm	受压面积/cm²	破坏荷重/kN	极限抗压强度/MPa	代表值/MPa
0.6-1-1	153	225	853	37.9	40.6
0.6-1-2	153	225	968.5	43.0	
0.6-1-3	153	225	917	40.8	
0.6-2-1	153	225	953	42.4	42.4
0.6-2-2	153	225	997.5	44.3	
0.6-2-3	153	225	912	40.5	

表 3-2-4　纤维掺量为 0.9 kg/m³ 混凝土 28 d 抗压强度试验

编号	试件尺寸/cm	受压面积/cm²	破坏荷重/kN	极限抗压强度/MPa	代表值/MPa
0.9-1-1	153	225	917	40.8	42.1
0.9-1-2	153	225	945	42.0	
0.9-1-3	153	225	976.5	43.4	
0.9-2-1	153	225	914	40.6	42.1
0.9-2-2	153	225	982.5	43.7	
0.9-2-3	153	225	946	42.0	

表 3-2-5　纤维掺量为 1.2 kg/m³ 混凝土 28 d 抗压强度试验

编号	试件尺寸/cm	受压面积/cm²	破坏荷重/kN	极限抗压强度/MPa	代表值/MPa
1.2-1-1	153	225	941.5	41.8	41.4
1.2-1-2	153	225	883	39.2	
1.2-1-3	153	225	975	43.3	
1.2-2-1	153	225	999	44.4	43.4
1.2-2-2	153	225	977	43.4	
1.2-2-3	153	225	952	42.3	

表 3-2-6 纤维掺量为 1.5 kg/m³ 混凝土 28 d 抗压强度试验

编号	试件尺寸/cm	受压面积/cm²	破坏荷重/kN	极限抗压强度/MPa	代表值/MPa
1.5-1-1	153	225	866.5	38.5	
1.5-1-2	153	225	1021	45.4	45.4
1.5-1-3	153	225	1061	47.2	
1.5-2-1	153	225	945	42.0	
1.5-2-2	153	225	663	29.5	41.5
1.5-2-3	153	225	933	41.5	

图 3-2-2 为各组试件 28 d 抗压强度的平均值。由表 3-2-3～表 3-2-6 及图 3-2-2 可知，不同掺量的纤维素纤维混凝土抗压强度无明显差异，但随着纤维素纤维掺量增多，纤维混凝土的抗压强度有小幅的增长。

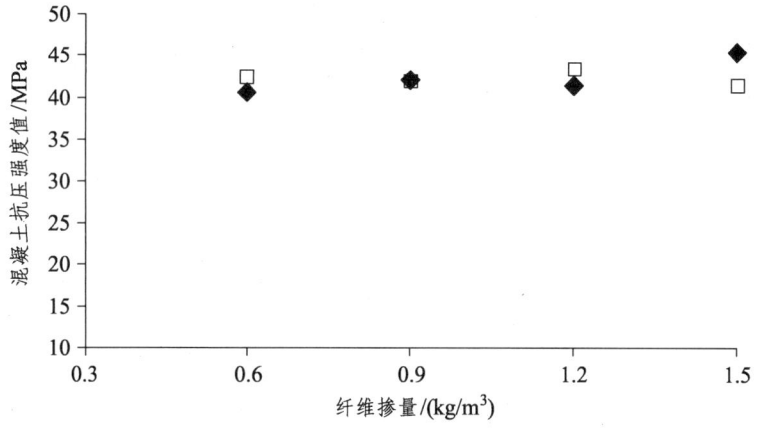

图 3-2-2 纤维素纤维混凝土 28 d 抗压强度值

3.2.3　混凝土冻融循环试验

1. 试验设备及方法

本次试验所用设备及方法与纤维种类选取试验方法相同，具体的试验设备性能及相关操作步骤详见 3.1.2 小节。

2. 试验结果与分析

（1）混凝土破坏过程及形态

试件在冻融循环过程中，随着冻融循环次数的增加，试件表面的原生孔洞直径逐渐增长，并伴随着新的孔洞出现。随后，孔洞逐渐扩大、连通，造成试件表面逐渐剥落，粗骨料外露，最终试件由于内部损伤严重或质量损失严重而破坏。

图 3-2-3 为冻融循环试验前各组纤维混凝土的表面情况。由图可知，试件在冻融循环前，表面即存在一些孔洞。这主要是试件浇筑过程中，由于多余水分蒸发而导致的孔洞，即初始缺陷。

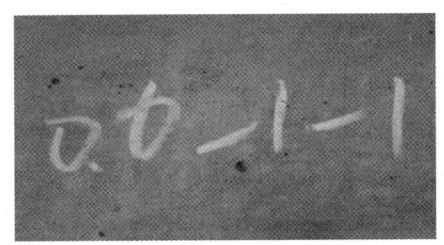

（a）纤维掺量 0.6 kg/m³

（b）纤维掺量 0.9 kg/m³

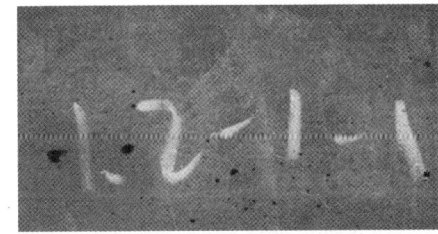

（c）纤维掺量 1.2 kg/m³

（d）纤维掺量 1.5 kg/m³

图 3-2-3　冻融循环前各组纤维素纤维混凝土试件

50 次冻融循环后，纤维素纤维混凝土表面情况如图 3-2-4 所示。纤维素纤维混凝土试件表面出现了一系列的孔洞，而且这些孔洞的直径、位置均随机分布在试件的侧表面。比较不同掺量的纤维素纤维混凝土可知，纤维掺量越高，出现的孔洞数越多。

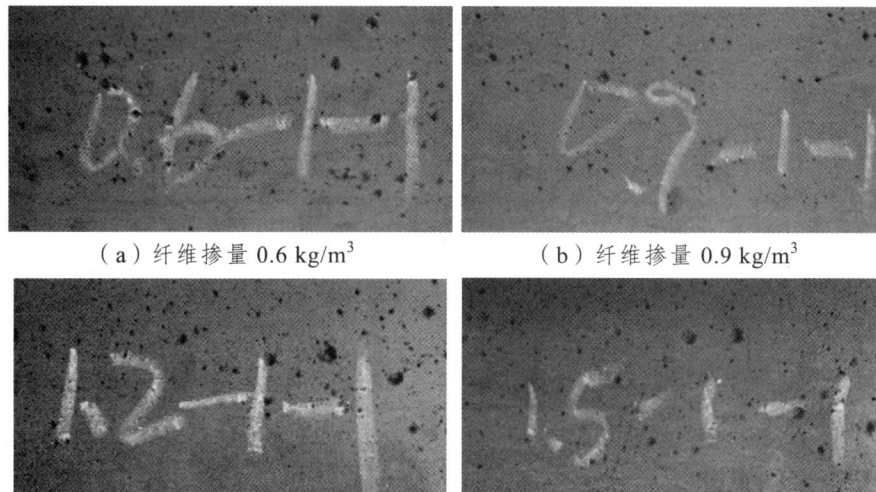

(a)纤维掺量 0.6 kg/m³ (b)纤维掺量 0.9 kg/m³

(c)纤维掺量 1.2 kg/m³ (d)纤维掺量 1.5 kg/m³

图 3-2-4　50 次冻融循环后各组纤维素纤维混凝土试件

125 次冻融循环后，纤维素纤维混凝土表面情况如图 3-2-5 所示。纤维混凝土表面孔洞数量没有明显增长，但孔洞直径逐渐增大，相邻孔洞逐渐连通，混凝土表面局部出现轻微的剥蚀现象。

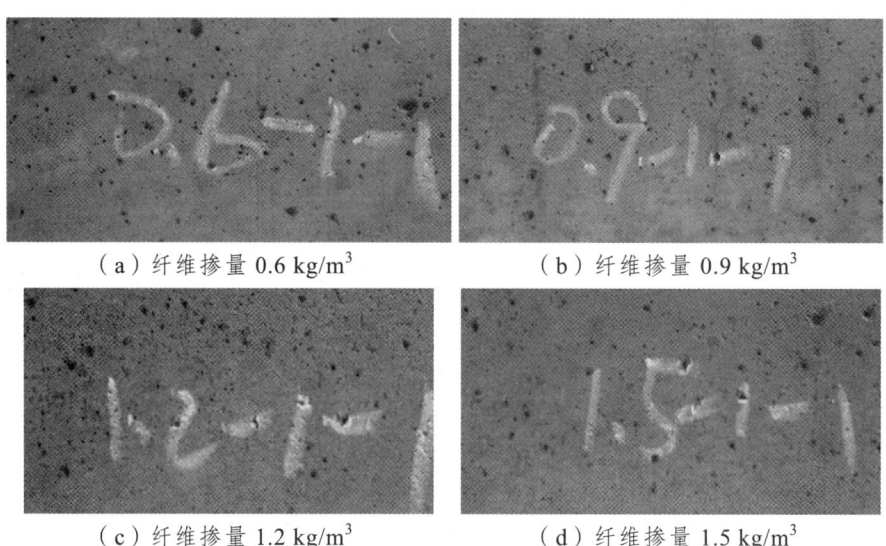

(a)纤维掺量 0.6 kg/m³ (b)纤维掺量 0.9 kg/m³

(c)纤维掺量 1.2 kg/m³ (d)纤维掺量 1.5 kg/m³

图 3-2-5　125 次冻融循环后各组纤维素纤维混凝土试件

200 次冻融循环后，纤维素纤维混凝土表面情况如图 3-2-6 所示。随着冻融循环次数的增加，试件表面孔洞进一步增大，相邻孔洞彼此连通，导致试件表面疏松，剥蚀现象进一步加重。由图可知，单位体积混凝土中纤维掺量较多时，试件表面剥蚀现象更为严重。这可能是由于纤维掺量较多时，纤维在混凝土内部分布较密，形成较多的薄弱面，从而使得试件剥蚀更为严重。

（a）纤维掺量 0.6 kg/m³

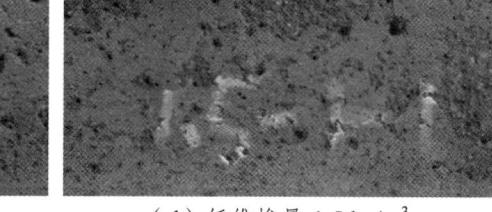

（b）纤维掺量 0.9 kg/m³

（c）纤维掺量 1.2 kg/m³　　　　　　（d）纤维掺量 1.5 kg/m³

图 3-2-6　200 次冻融循环后各组纤维素纤维混凝土试件

（2）混凝土相对动弹性模量

图 3-2-7 及图 3-2-8 为纤维掺量 0.6 kg/m³ 时纤维混凝土的相对动弹性模量随冻融循环次数的变化规律。由图可知，两组试件的相对动弹性模量变化规律相似，200 次冻融循环后，其动弹性模量均降至 60% 以下。但第一组试件的数据离散性很小，而第 2 组数据离散性相对偏大。

图 3-2-9 及图 3-2-10 为纤维掺量 0.9 kg/m³ 时纤维混凝土的相对动弹性模量随冻融循环次数的变化规律。由图可知，两组试件的相对动弹性模量变化规律相似，但两组试件的抗冻能力有一些区别。这主要是由于两组试件所用的砂子不一样造成，0.9 kg/m³ 纤维掺量第 2 组及 0.6 kg/m³ 纤维掺量两组试件所用砂子质量相对偏低，因此其相对动弹性模量下降速度略微增快。

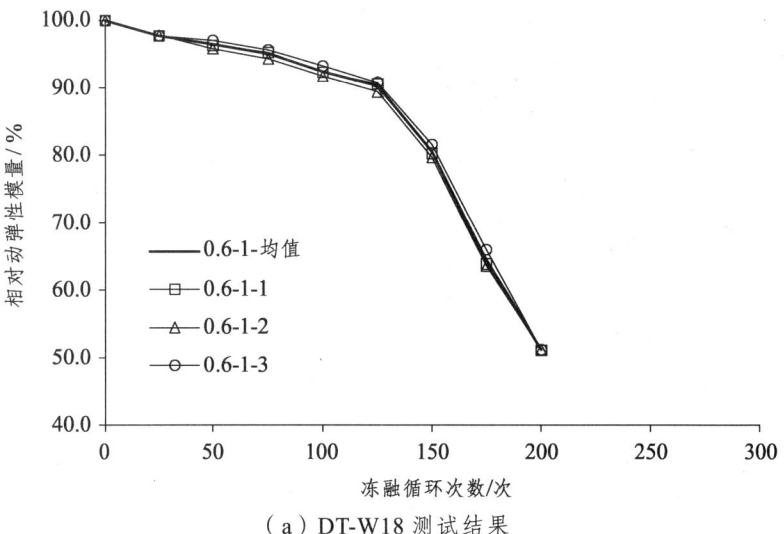

（a）DT-W18 测试结果

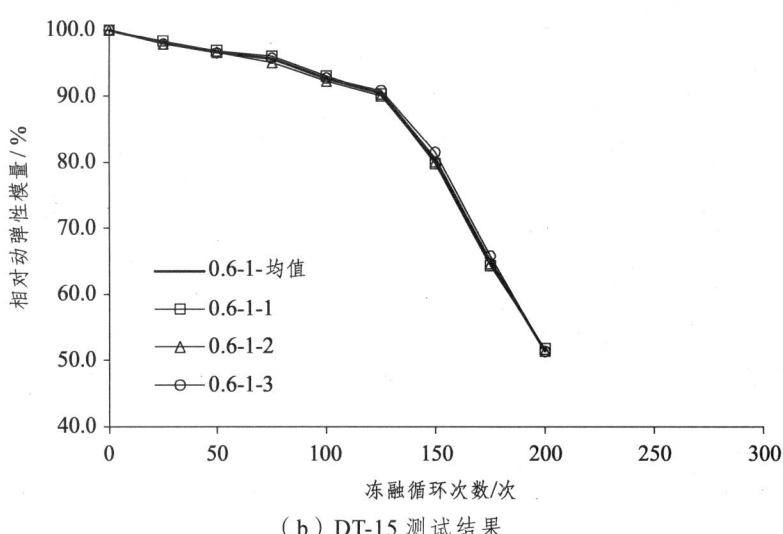

（b）DT-15 测试结果

图 3-2-7　纤维掺量 0.6 kg/m³ 时第 1 组纤维混凝土
相对动弹性模量随冻融循环次数变化规律

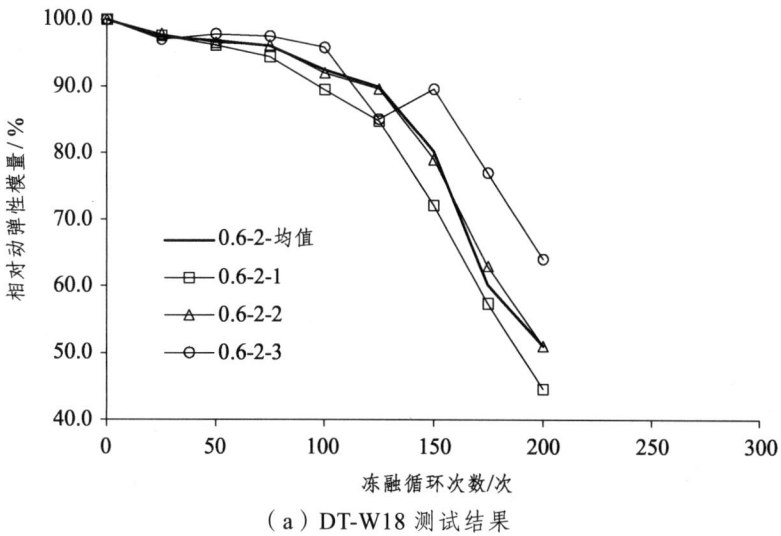

（a）DT-W18 测试结果

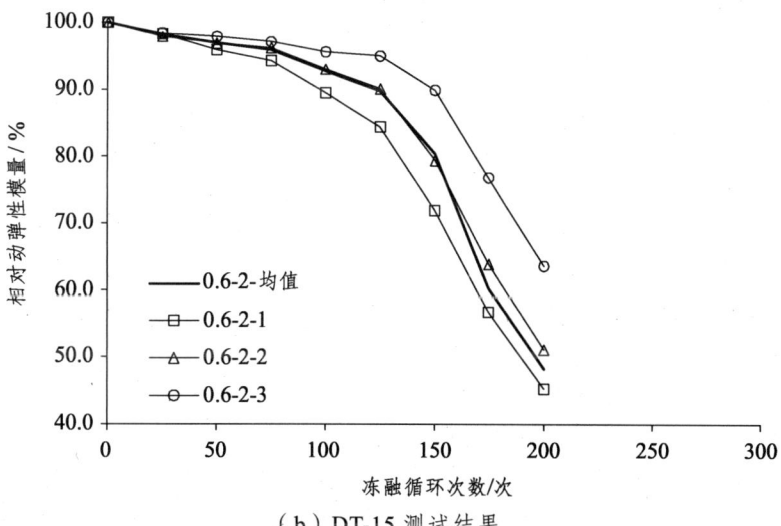

（b）DT-15 测试结果

图 3-2-8　纤维掺量 0.6 kg/m³ 时第 2 组纤维混凝土相对动弹性模量随冻融循环次数变化规律

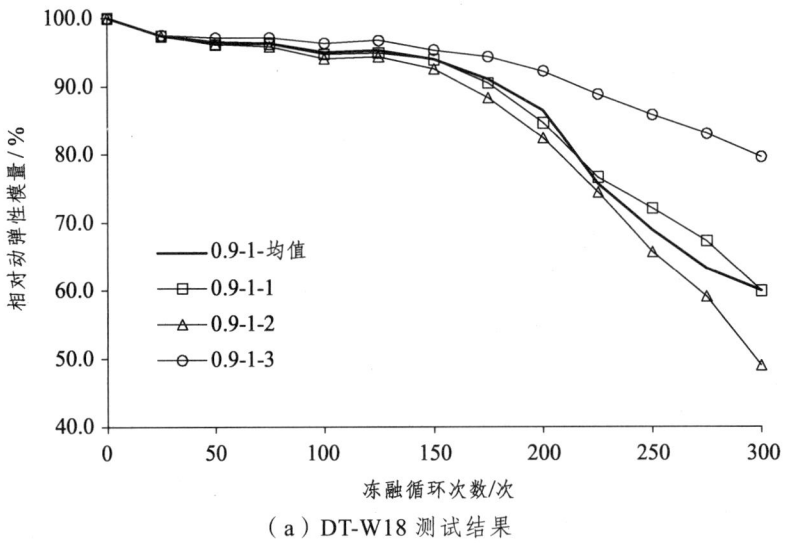

（a）DT-W18 测试结果

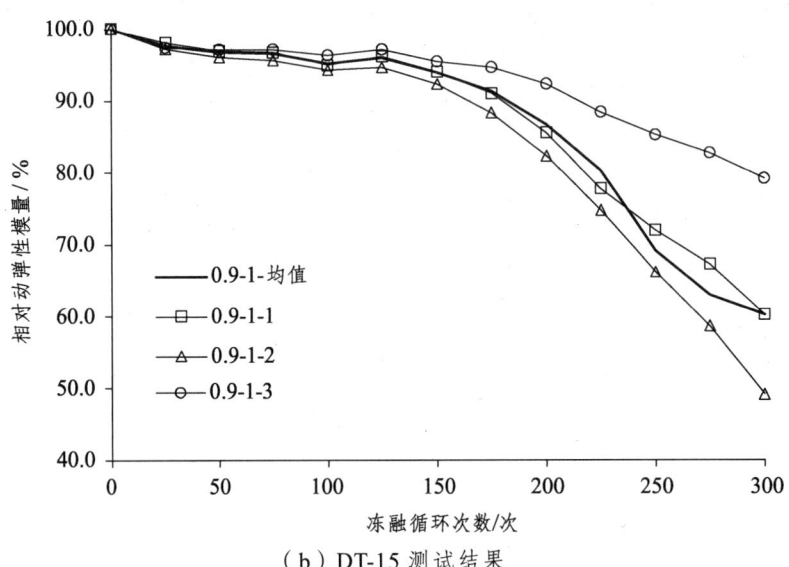

（b）DT-15 测试结果

图 3-2-9　纤维掺量 0.9 kg/m³ 时第 1 组纤维混凝土相对动弹性模量随冻融循环次数变化规律

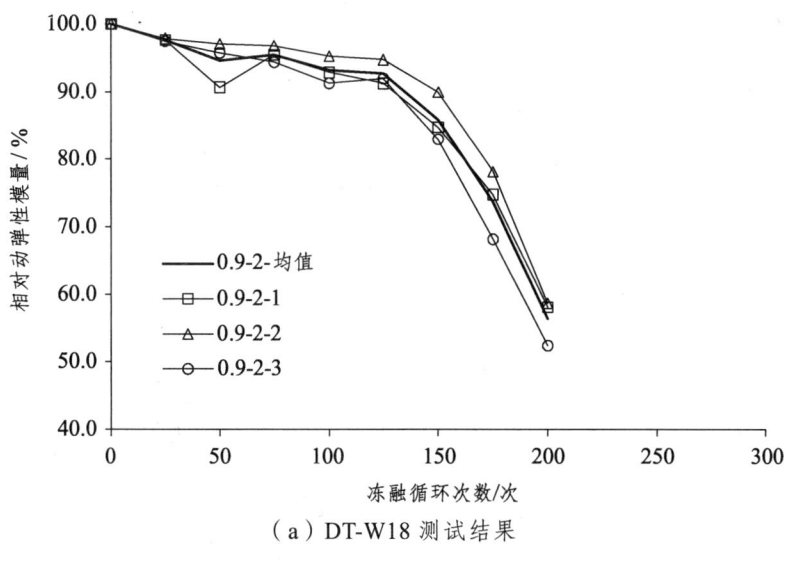

（a）DT-W18 测试结果

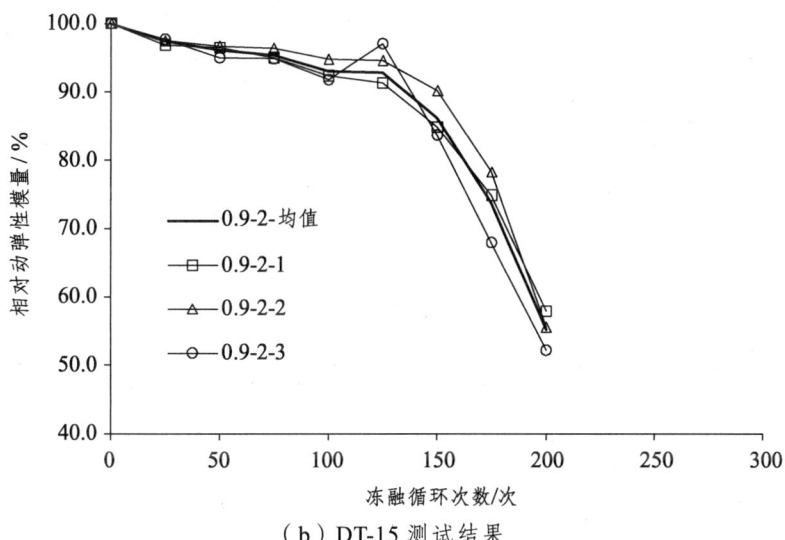

（b）DT-15 测试结果

图 3-2-10　纤维掺量 0.9 kg/m³ 时第 2 组纤维混凝土
相对动弹性模量随冻融循环次数变化规律

图 3-2-11 及图 3-2-12 为纤维掺量 1.2 kg/m³ 时纤维混凝土的相对动弹性模量随冻融循环次数的变化规律。由图可知，同组试件中各个试件的离散性较小。直至最终破坏时，各个试件的离散性均在 15% 以内。但两组试

件的抗冻能力有细微差别，这可能是试件制作过程中，一些随机因素影响的结果。

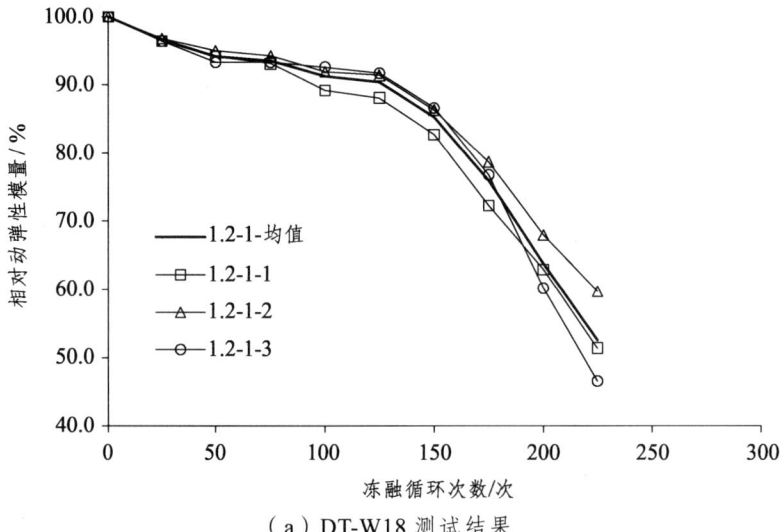

（a）DT-W18 测试结果

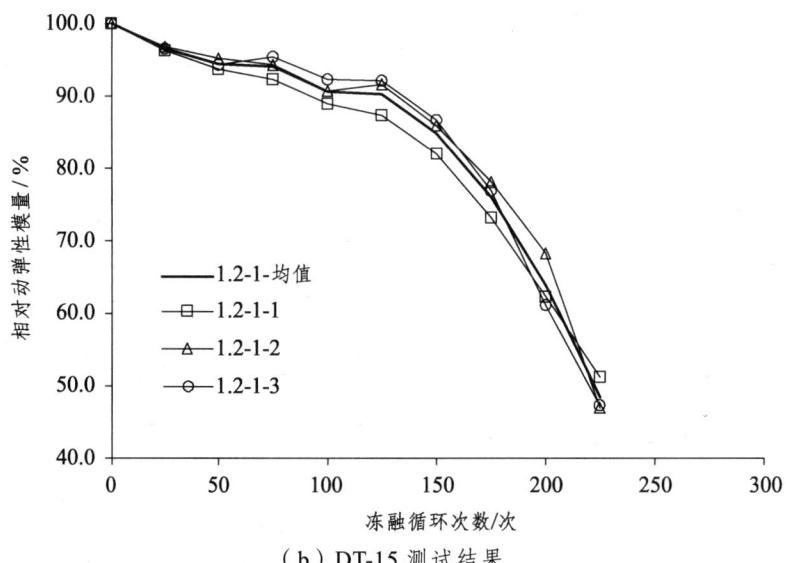

（b）DT-15 测试结果

图 3-2-11　纤维掺量 1.2 kg/m³ 时第 1 组纤维混凝土相对动弹性模量随冻融循环次数变化规律

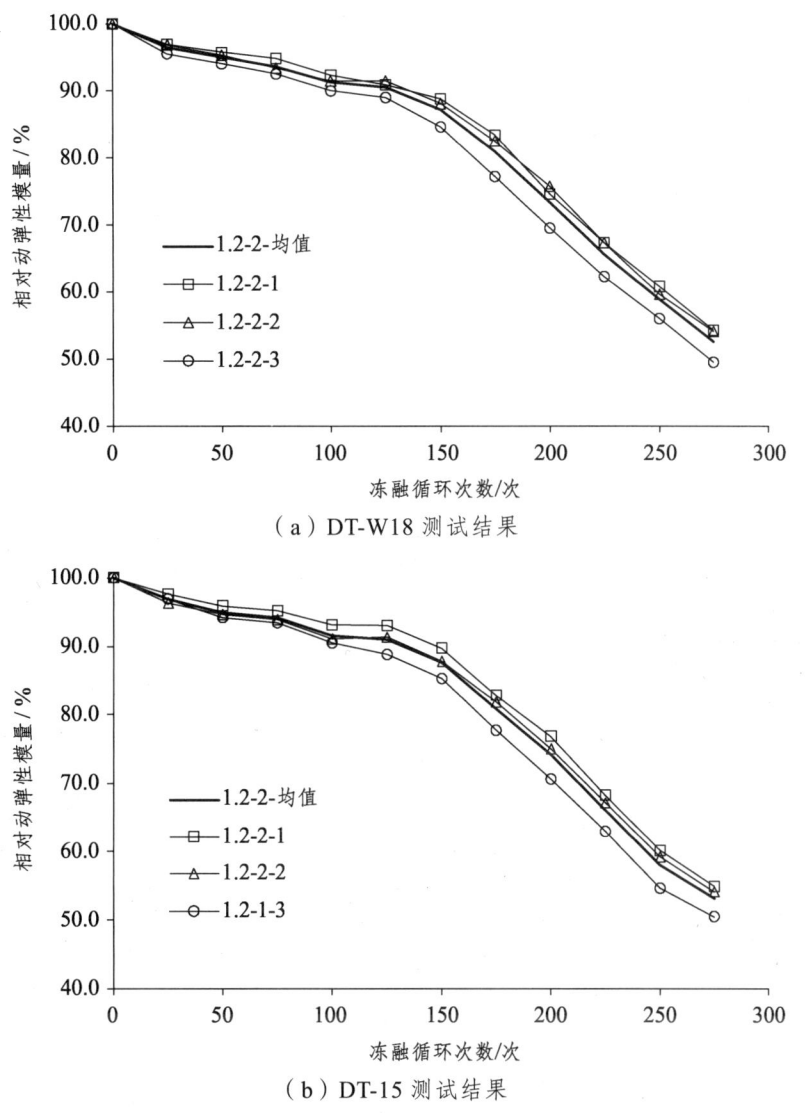

（a）DT-W18 测试结果

（b）DT-15 测试结果

图 3-2-12　纤维掺量 1.2 kg/m³ 时第 2 组纤维混凝土
相对动弹性模量随冻融循环次数变化规律

图 3-2-13 及图 3-2-14 为纤维掺量 1.5 kg/m³ 时纤维混凝土的相对动弹性模量随冻融循环次数的变化规律。由图可知，两组试件内各个试件的离散性相对较大，而且两组试件之间的差别也很大，第 1 组试件的抗冻能力

明显高于第 2 组。这可能是纤维含量较高时，纤维难以均匀分布在水泥砂浆内，纤维在混凝土内部聚集形成薄弱带，导致试件在制作过程中很难均匀化。因此，随着冻融循环的增加，这些因素加速了混凝土的破坏。

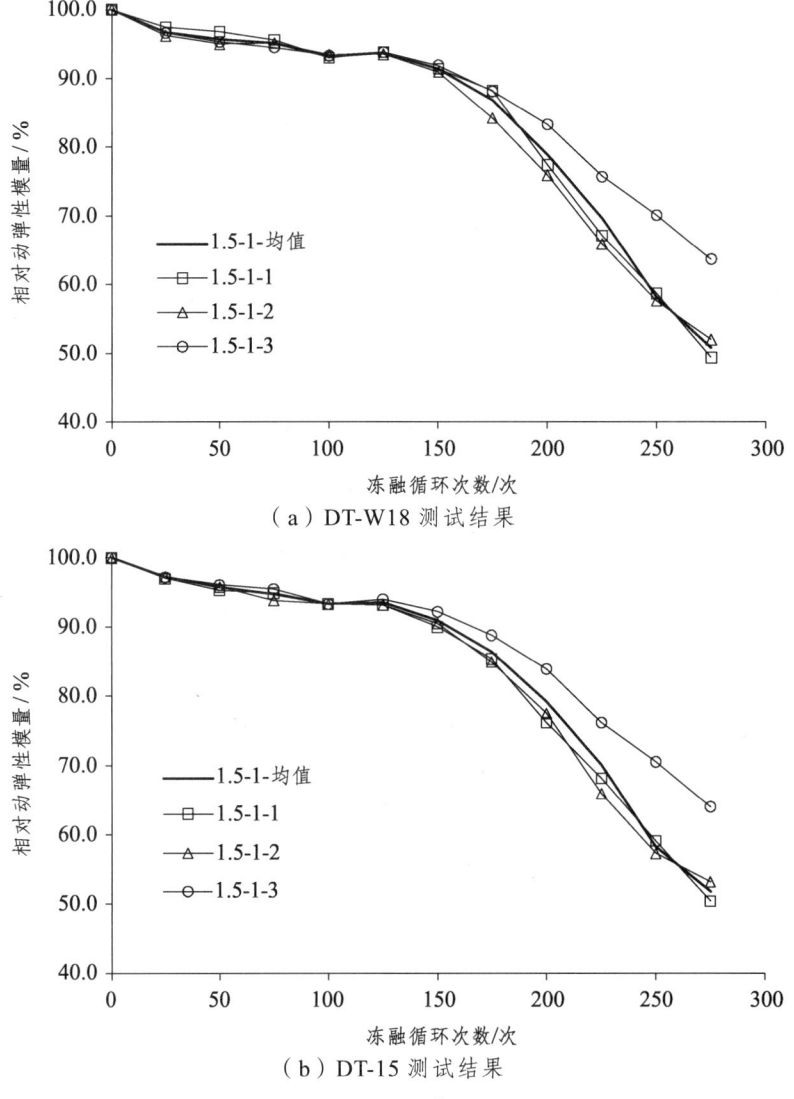

图 3-2-13　纤维掺量 1.5 kg/m³ 时第 1 组纤维混凝土相对动弹性模量随冻融循环次数变化规律

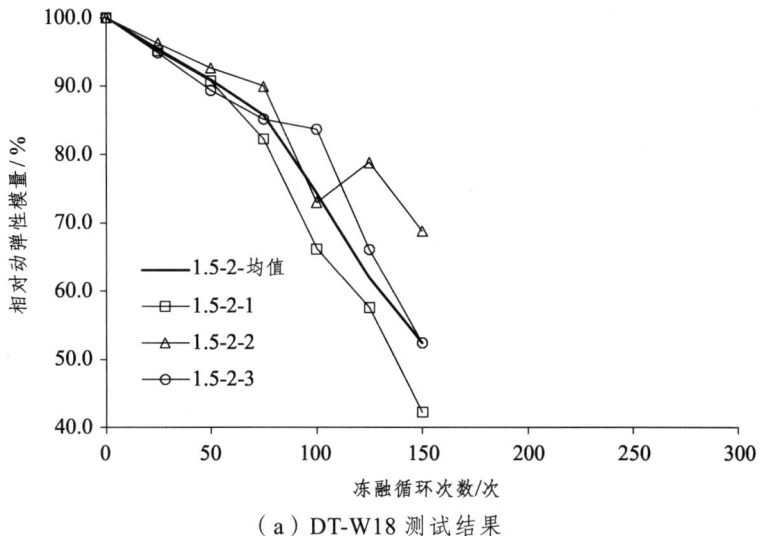

（a）DT-W18 测试结果

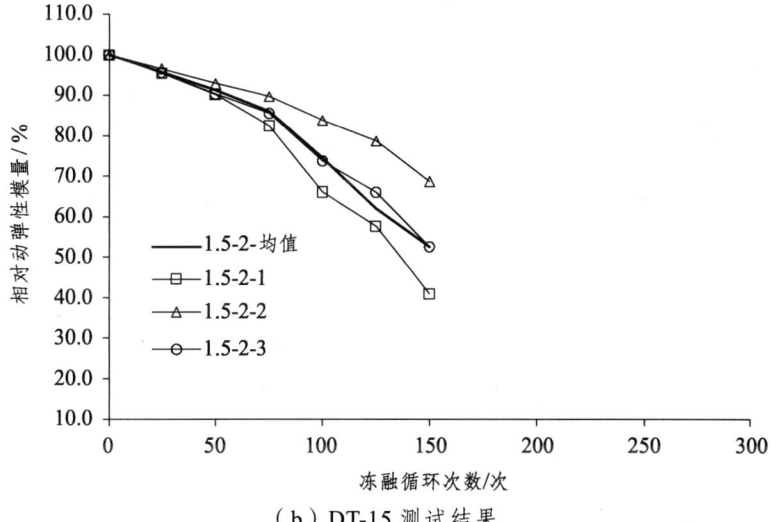

（b）DT-15 测试结果

图 3-2-14　纤维掺量 1.5 kg/m^3 时第 2 组纤维混凝土相对动弹性模量随冻融循环次数变化规律

图 3-2-15 为不同掺量时纤维素纤维混凝土的相对动弹性模量随冻融循环次数变化规律。由于纤维掺量为 1.5 kg/m^3 时的第 2 组纤维素纤维混凝土与其他各组有着较大差异，暂不对其进行讨论。由图可知，冻融循环初期，

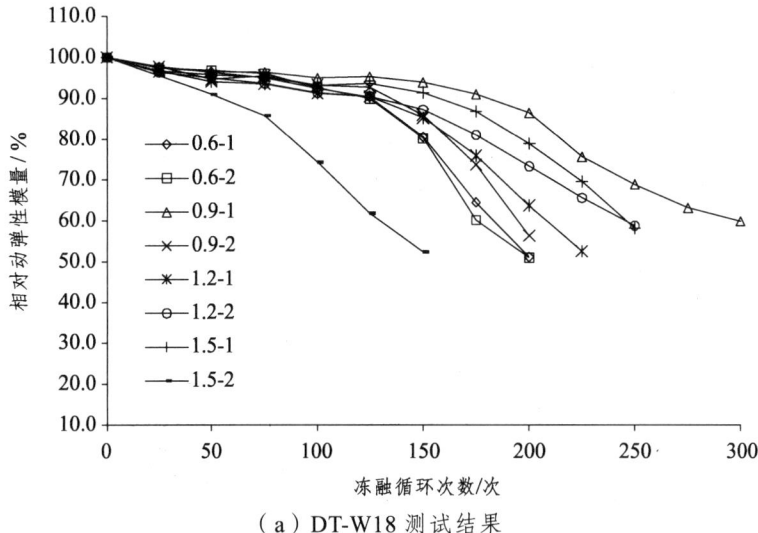

（a）DT-W18 测试结果

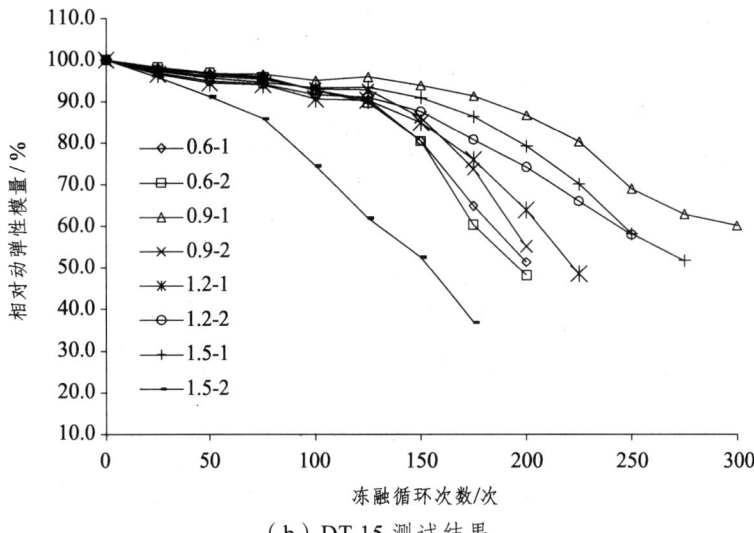

（b）DT-15 测试结果

图 3-2-15　不同纤维掺量时纤维素纤维混凝土
相对动弹性模量随冻融循环次数变化规律

不同纤维掺量的纤维混凝土的相对动弹性模量相差不大。25 次冻融循环后，0.6-1、0.6-2、0.9-1、0.9-2、1.2-1、1.2-2、1.5-1、1.5-2 各组纤维混凝土的相对动弹性模量分别为：97.7%、97.4%、97.4%、97.7%、96.6%、96.4%、

96.7%、95.5%。除1.5-2组外，其余各组的相对动弹性模量均在97%附近，而且彼此之间差异不大。这说明在冻融初期，纤维对混凝土的抗冻能力影响不大，主要是混凝土内部的初始缺陷在影响着混凝土的抗冻性能。经过125次冻融循环后，各组试件的相对动弹性模量分别为：90.3%、89.9%、95.3%、92.7%、90.4%、90.5%、93.7%、61.9%。这说明，随着冻融循环次数的增加，纤维在混凝土内部的作用逐渐明显，对比数据发现，当纤维掺量为0.9 kg/m³时，纤维素纤维混凝土具有更好的抗冻能力。

冻融循环125次后，各组试件的相对动弹性模量差异逐渐增大，部分试件的相对动弹性模量下降速度增加。200次冻融循环后，纤维掺量为0.6 kg/m³的两组试件及0.9-2组试件的相对动弹性模量均降至60%以下，分别为：51.2%、51.0%、56.4%，当掺量为0.9 kg/m³时的纤维素纤维混凝土仍好于纤维掺量为0.6 kg/m³的情况。这3组试件的抗冻能力相比其他较差，主要原因是所用砂子质量较低。

225次冻融循环后，1.2-1组试件的相对动弹性模量已降至60%以下，其值为52.6%，而0.9-1、1.2-2、1.5-1等3组试件的相对动弹性模量仍在60%以上，具有较好的抗冻融能力。但在250次冻融循环后，1.2-2及1.5-1两组试件的相对动弹性模量也降至60%以下，其值分别为58.8%、58.2%。而此时，0.9-1组纤维素纤维混凝土的相对动弹性模量仍有68.9%。随着冻融循环次数的进一步增加，混凝土的相对动弹性模量进一步降低，当冻融次数达到300次时，试件的相对动弹性模量为59.9%（60.2%），括弧中数值为DT-15测试结果。

通过此次试验可以发现，随着混凝土中纤维掺量的增加，纤维混凝土抗冻能力并非呈单调关系。由图3-2-15可知，随着纤维掺量的增加，纤维混凝土抗冻融能力大致呈n字形，即：当纤维掺量较低时，纤维混凝土的抗冻融能力随着纤维掺量的增加而逐渐增长；但当纤维掺量达到一定值后，纤维混凝土的抗冻融能力随着纤维掺量的增加而逐渐降低。这可能是由于当纤维掺量较低时，混凝土内部的纤维数量不足以抵抗在冻融循环过程中产生的各种应力。因此，随着纤维掺量的增加，纤维的数量也随之增加，从而提高了混凝土内部抗裂能力。但当纤维掺量较高时，过多的纤维聚集在混凝土内部，从而形成薄弱带，导致外界自由水更容易渗入试件内部，从而加速了试件的冻融破坏。

(3)混凝土动弹性模量

图 3-2-16 ~ 图 3-2-23 反映了各组纤维素纤维混凝土的动弹性模量随冻融循环次数的变化规律,由于其变化规律与相对动弹性模量变化规律十分相近,此处不再一一赘述。

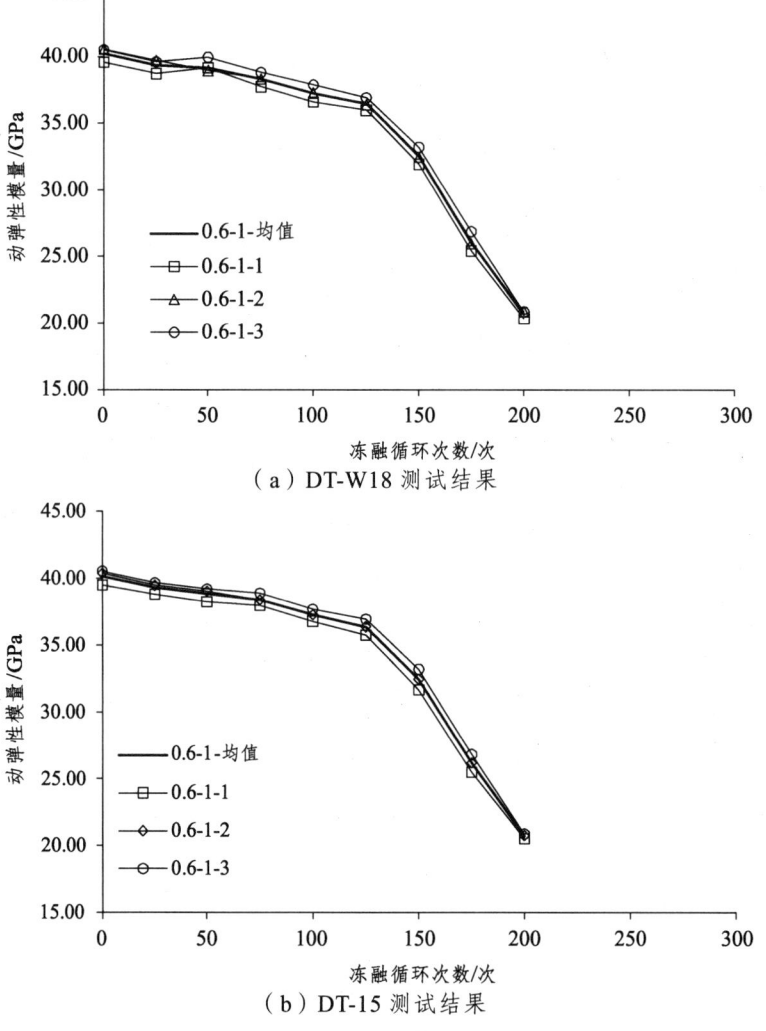

(a)DT-W18 测试结果

(b)DT-15 测试结果

图 3-2-16　纤维掺量 0.6 kg/m³ 时第 1 组纤维混凝土动弹性模量随冻融循环次数变化规律

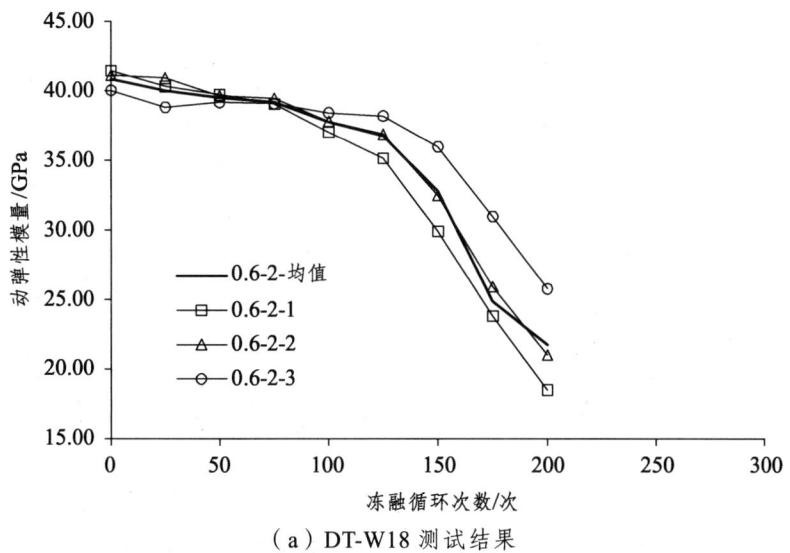

（a）DT-W18 测试结果

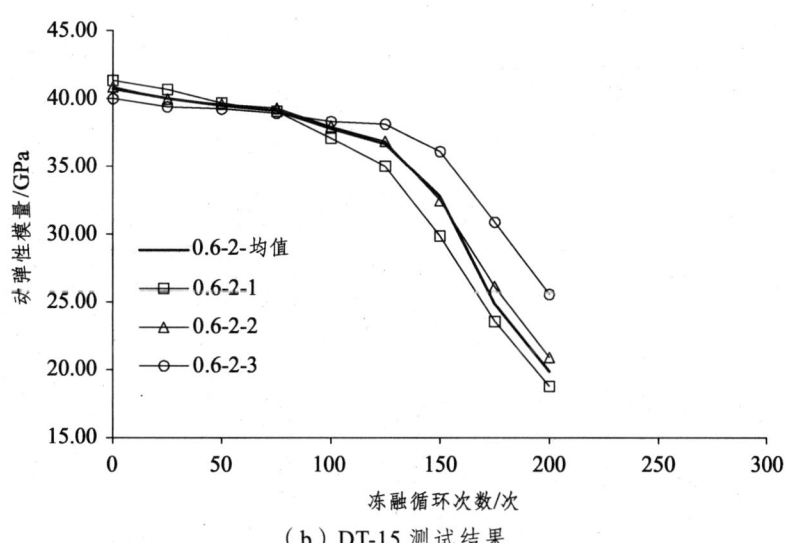

（b）DT-15 测试结果

图 3-2-17　纤维掺量 0.6 kg/m³ 时第 2 组纤维混凝土
动弹性模量随冻融循环次数变化规律

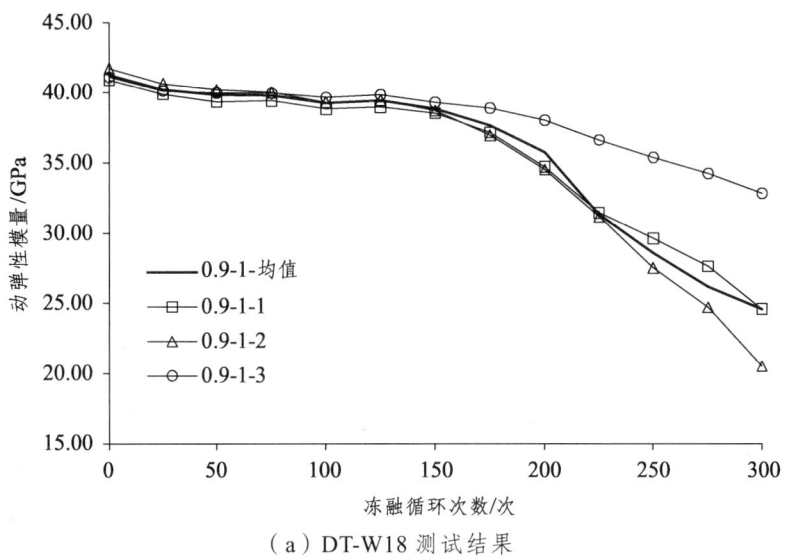

（a）DT-W18 测试结果

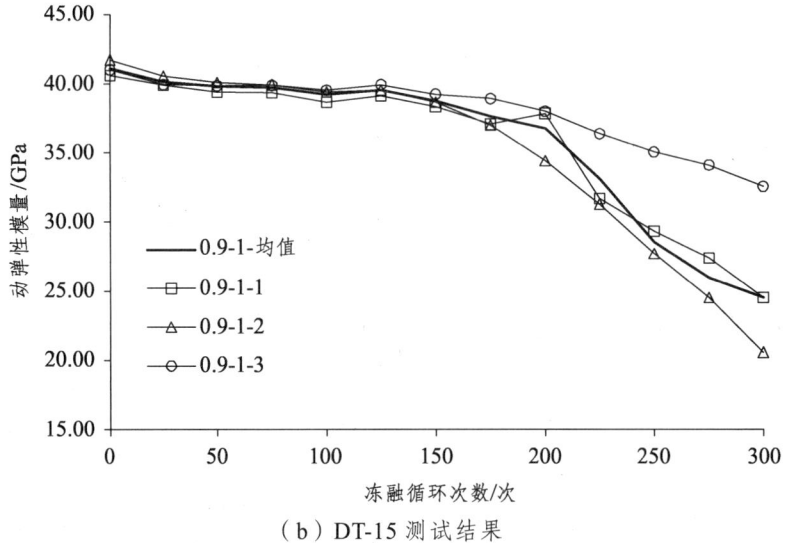

（b）DT-15 测试结果

图 3-2-18　纤维掺量 0.9 kg/m^3 时第 1 组纤维混凝土
动弹性模量随冻融循环次数变化规律

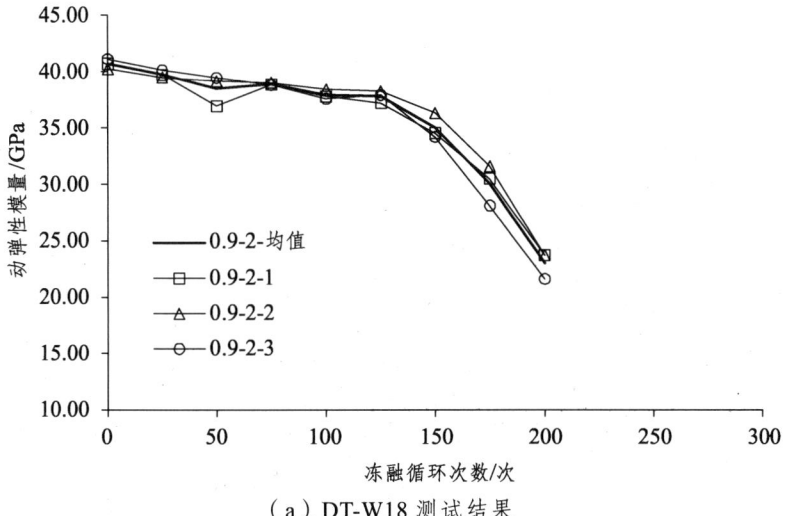

（a）DT-W18 测试结果

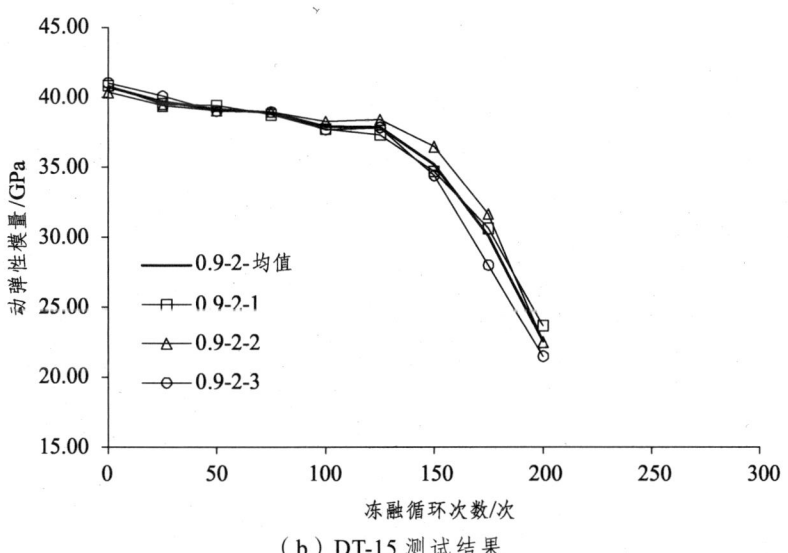

（b）DT-15 测试结果

图 3-2-19　纤维掺量 0.9 kg/m³ 时第 2 组纤维混凝土动弹性模量随冻融循环次数变化规律

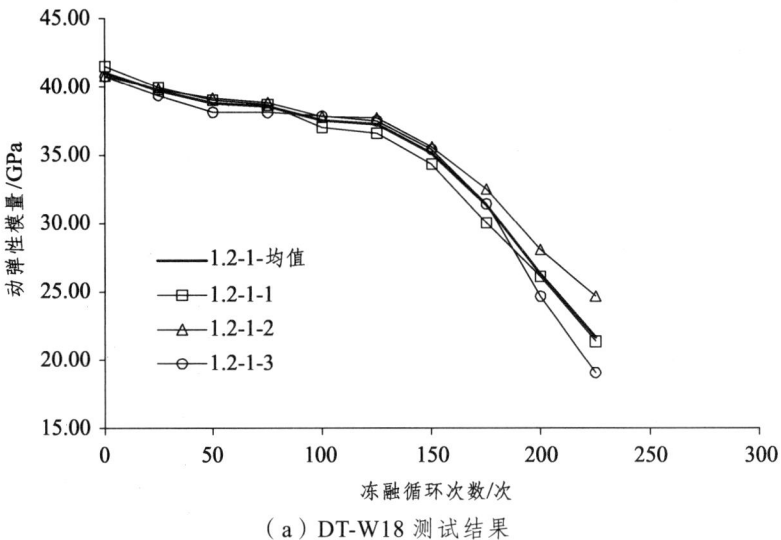

（a）DT-W18 测试结果

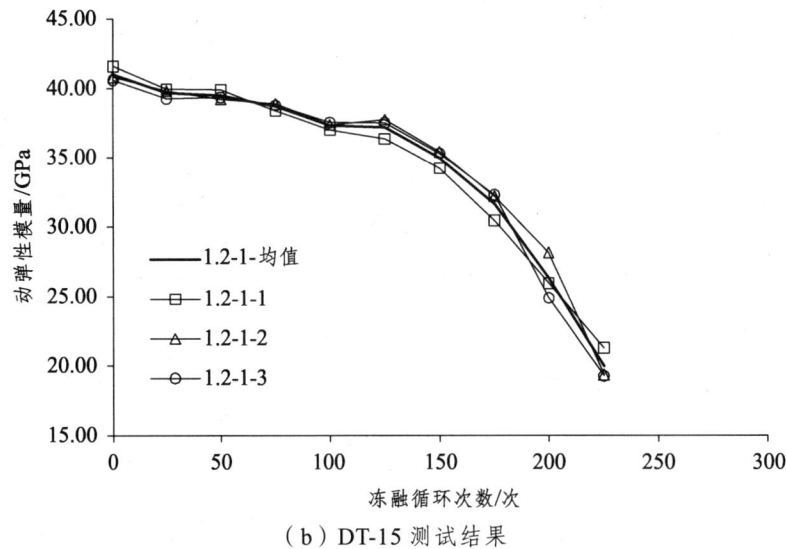

（b）DT-15 测试结果

图 3-2-20　纤维掺量 1.2 kg/m³ 时第 1 组纤维混凝土
动弹性模量随冻融循环次数变化规律

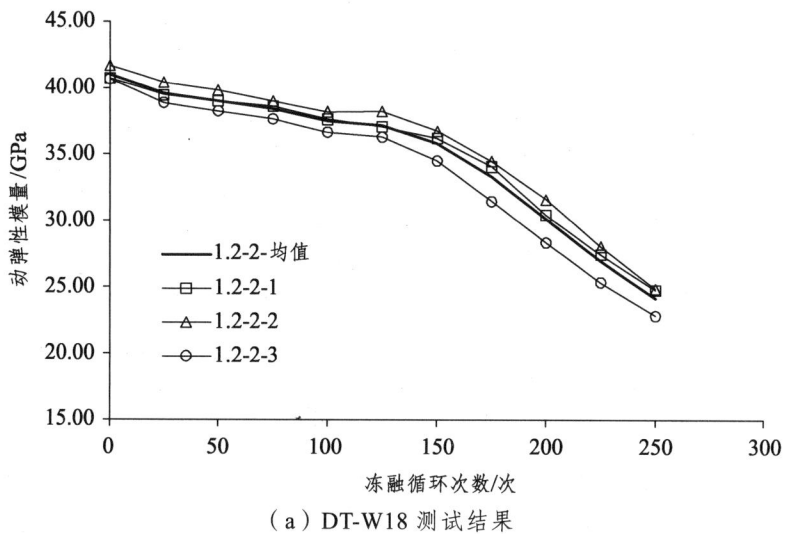

（a）DT-W18 测试结果

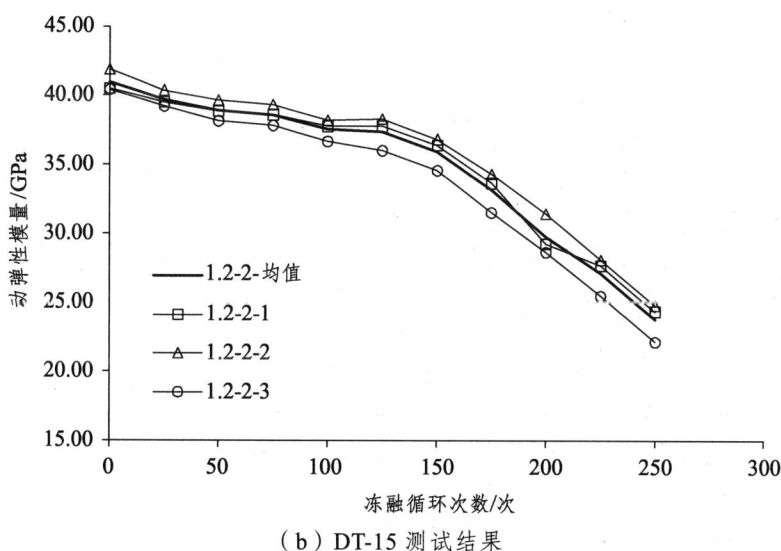

（b）DT-15 测试结果

图 3-2-21　纤维掺量 1.2 kg/m³ 时第 2 组纤维混凝土动弹性模量随冻融循环次数变化规律

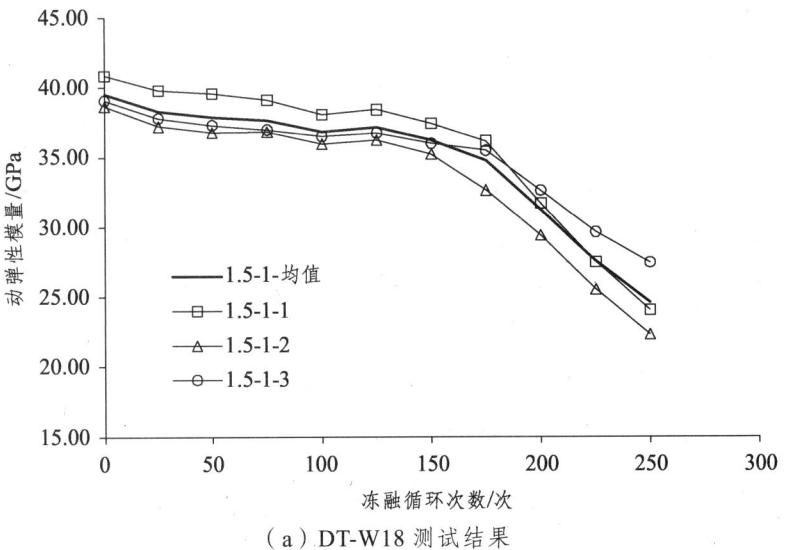

(a) DT-W18 测试结果

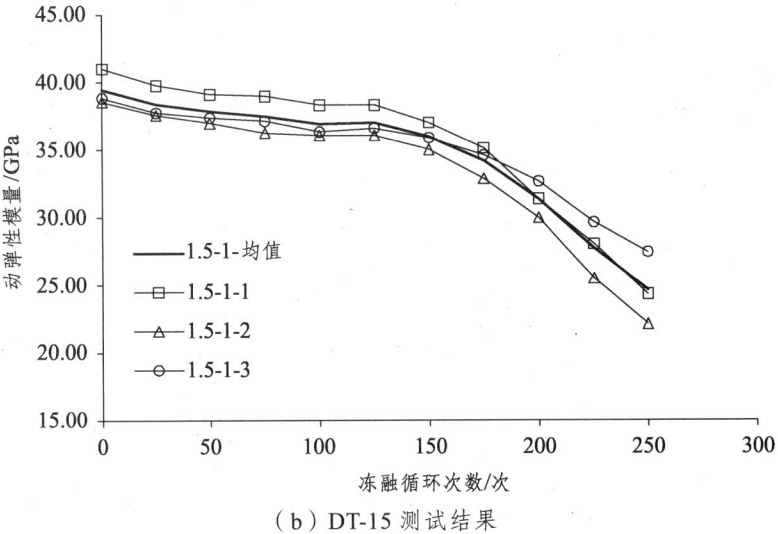

(b) DT-15 测试结果

图 3-2-22　纤维掺量 1.5 kg/m³ 时第 1 组纤维混凝土
动弹性模量随冻融循环次数变化规律

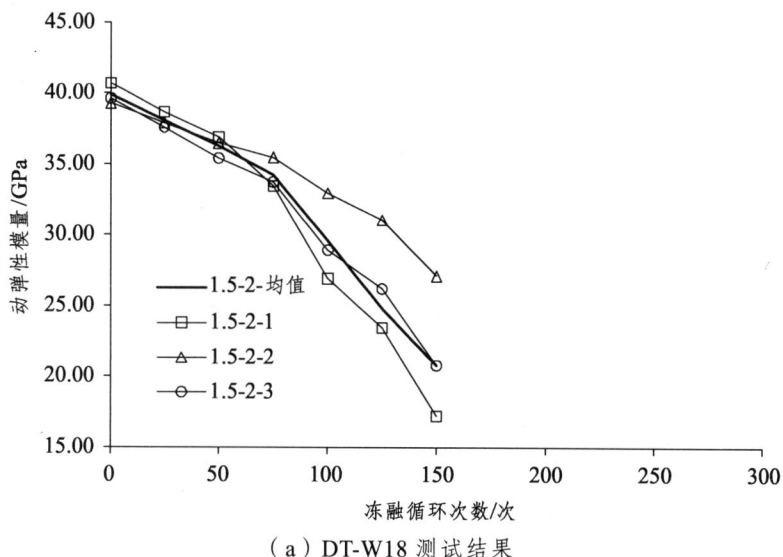

（a）DT-W18 测试结果

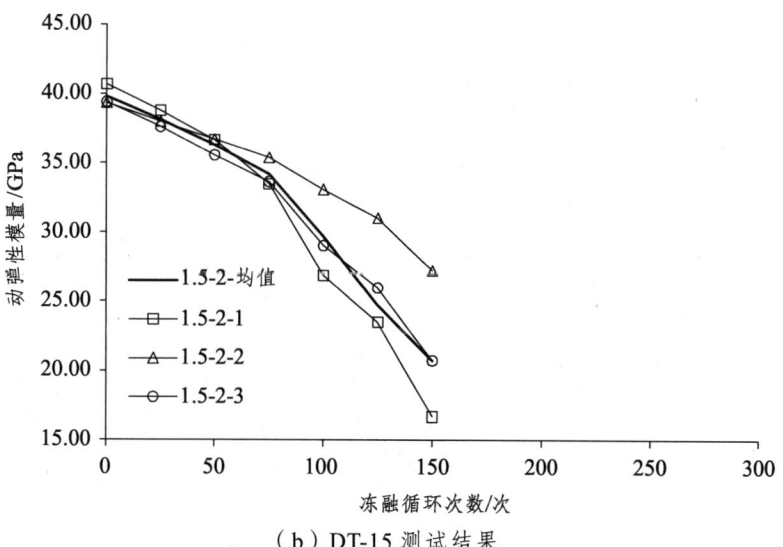

（b）DT-15 测试结果

图 3-2-23　纤维掺量 1.5 kg/m³ 时第 2 组纤维混凝土
动弹性模量随冻融循环次数变化规律

图 3-2-24 反映了各组纤维混凝土动弹性模量随冻融循环次数变化规律。在冻融循环之前，0.6-1、0.6-2、0.9-1、0.9-2、1.2-1、1.2-2、1.5-1、1.5-2 的动弹性模量分别为：40.22、40.87、41.24、40.70、41.02、41.02、39.53、39.87 GPa，各组的动弹性模量值均十分接近，基本都在 40 GPa 左右，说明纤维的掺入对混凝土的初始动弹性模量影响很小；1.5 两组试件的动弹性模量相对其他组较低，这可能是纤维过多，混凝土内部薄弱带较多的原因。

由图 3-2-24 可知，纤维素纤维混凝土的动弹性模量变化情况与其相对动弹性模量变化情况十分相似。125 次冻融循环后，各组试件的动弹性模量分别为：36.43、36.74、39.41、37.79、37.25、37.22、37.12、24.83 GPa。这也进一步说明，在冻融循环初期，纤维对混凝土抗冻融能力的影响不大，这一阶段主要是试件成型时混凝土内部初始缺陷的影响。

经过 125 次冻融循环后，各组试件的动弹性模量的下降速度有所增加，但速率有所差别，0.9-1 组试件降速最慢，0.6 与 1.5 四组试件的下降速率增长较快，1.2 两组试件介于两者之间。250 次冻融循环后，除 0.9-1 组试件外，其余各组试件均由于相对动弹性模量下降至 60%以下而破坏，此时，0.9-1 的动弹性模量仍有 28.56 GPa 左右。

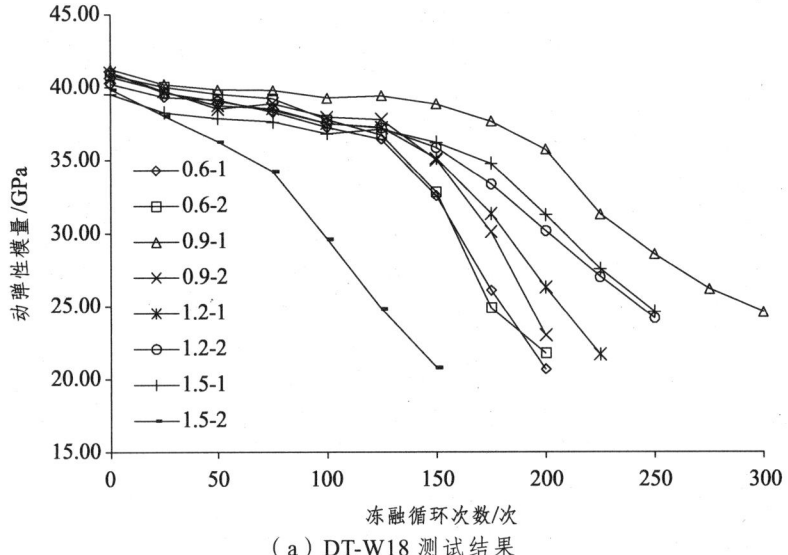

（a）DT-W18 测试结果

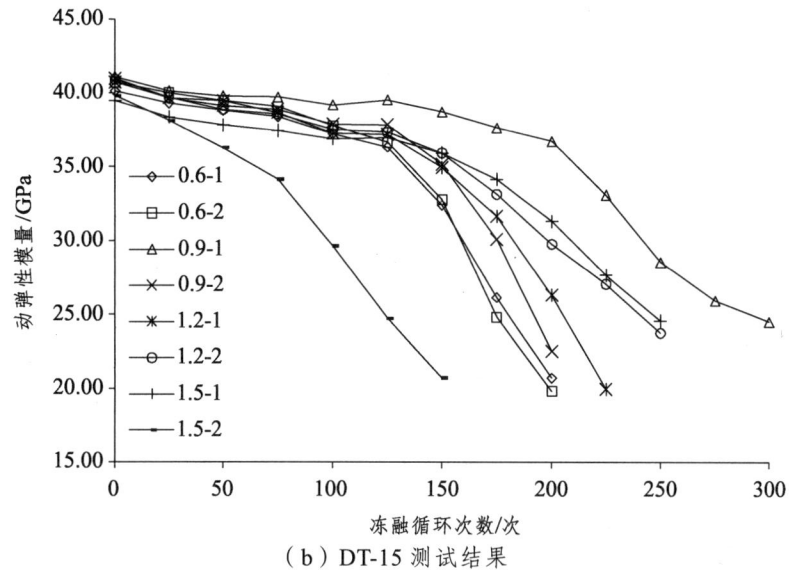

（b）DT-15 测试结果

图 3-2-24　不同掺量时纤维素纤维混凝土
动弹性模量随冻融循环次数变化规律

3. 小　结

经过 4 种不同纤维掺量的纤维素纤维混凝土的冻融循环试验对比发现，可以得到以下结论：

（1）试验研究表明，不同纤维掺量的纤维混凝土均具有较好的和易性，纤维的掺量对混凝土的坍落度影响较小。

（2）纤维的掺入对混凝土的强度影响较小，随着纤维掺量的增加，纤维混凝土的抗压强度有增强趋势，但增加幅度很小。

（3）在冻融循环初期，主要是试件的初始缺陷影响混凝土的抗冻融能力，而纤维影响很小。但随着冻融循环次数增加，即在冻融后期，纤维的作用逐渐体现。

（4）不同纤维掺量对混凝土的抗冻融能力影响不同。研究表明，纤维混凝土的抗冻融能力与纤维掺量大致呈 n 字形关系，当纤维素纤维掺量为 $0.9\ kg/m^3$ 时，纤维混凝土能获得最好的抗冻性能。

3.3 冻融循环对纤维混凝土力学性能的影响研究

混凝土的力学参数对于实际工程而言，具有更加直接的、重要的指导作用或参考价值。因此，研究纤维混凝土的力学性能与冻融循环次数之间的关系，对于指导高寒隧道衬砌结构抗冻设计具有重要意义，为保障隧道的安全运营提供技术支持。

国内外学者对某些混凝土（纤维混凝土、引气混凝土等）开展了冻融循环后的力学性能研究，分析现有的研究结果可以发现，从定性的角度讲，各个学者之间的研究结论比较一致，即随着冻融循环次数的增加，混凝土的力学性能均会出现不同程度的下降。但从定量的角度去分析时却发现，不同文献对冻融作用下混凝土力学性能的衰减规律描述却存在着一定差异。这主要是学者们都在研究冻融循环系数对混凝土力学性能的影响规律，并试图建立彼此之间的关系。然而，混凝土的力学性能及抗冻性却与许多因素相关，比如含气量、水灰比、混凝土原材料、环境等均会对其产生影响，因此很难直接建立混凝土与冻融循环之间的统一关系，即便能建立一些关系往往也仅适用于某类特定的混凝土，而不具有普适性。

因此，研究纤维素纤维混凝土的力学性能与冻融循环次数的规律，能够进一步弥补或完善其他学者的相关研究，同时还能为其他类似的高寒隧道设计提供参考，进一步完善我国高寒隧道的抗冻设计。

3.3.1 试验准备工作

1. 含水率测定

砂、碎石含水率测试方法如3.1.2节所述，经多次含水率测试得到：本次浇筑试件所用河砂与碎石含水率分别为5.5%与0%。

2. 试件的制作与养护

由第2章可知，浇筑C30混凝土所需水灰比（W/C）为0.46，砂率为0.44。本次试件浇筑时实际施工用配合比如表3-3-1所示。

表 3-3-1 施工配合比   单位：kg/m³

试件种类	水泥	水	砂	碎石	减水剂	纤维掺量
劈裂抗拉	409	144	842	1012	8.18	0.9
立方体抗压	409	144	842	1012	8.18	0.9

本次试验的试件制作、试验方法主要依据《普通混凝土长期性能和耐久性能试验方法标准》（GB/T 50082—2009）、《普通混凝土力学性能试验方法标准》（GB/T 50081—2002）及《纤维混凝土试验方法标准》（CECS 13—2009）等试验规范。试件制作在四川大学江安校区土木结构实验室完成，混凝土采用 HJW-60 型搅拌机拌和。实验室混凝土拌制程序为：依次放入细骨料、一半左右的纤维、水泥、剩余的纤维、粗骨料，开机搅拌 90 s；加入水和减水剂，搅拌 3 min。出料后人工进行适当搅拌，采用人工与振动台共同振捣。经一至两昼夜后，脱模放入标准养护室养护［养护温度（20±2）℃，湿度大于 95%］，由于冻融试验机每次所能容纳的试件个数有限，为了避免养护龄期对混凝土的抗压、劈拉强度的影响，因此此批试件在标准养护室中养护 60 d 后再进行后期相关试验。

3. 试件的类型

本次试验浇筑的试件主要包含两个部分，即纤维混凝土抗压强度试验、纤维混凝土劈裂抗拉试验，试验试件的编号、冻融循环次数、尺寸、个数如表 3-3-2 所示。

表 3-3-2 试验试件概况

试件编号	试验类型	冻融次数 /次	试件尺寸 /cm	试件组数 /组	每组个数 /个	合计 /个
XF0-i-j	立方抗压	0	10×10×10	3	3	9
XF25-i-j	立方抗压	25	10×10×10	3	3	9
XF50-i-j	立方抗压	50	10×10×10	3	3	9

续表

试件编号	试验类型	冻融次数/次	试件尺寸/cm	试件组数/组	每组个数/个	合计/个
XF75-i-j	立方抗压	75	10×10×10	3	3	9
XT0-i-j	劈裂抗拉	0	10×10×10	3	3	9
XT25-i-j	劈裂抗拉	25	10×10×10	3	3	9
XT50-i-j	劈裂抗拉	50	10×10×10	3	3	9
XT75-i-j	劈裂抗拉	75	10×10×10	3	3	9

注：i，j = 1，2，3。

3.3.2 试验设备与方法

本次所有立方体抗压强度及立方体劈裂抗拉强度试验，均采用四川大学江安校区土木结构实验室 200 t 电液伺服压力试验机（图 2-2-1）。

试验中，将需要冻融循环的试件装入冻融机的橡胶桶内，开启冻融循环试验机（温度设置为 -18 ~ 5 ℃），当达到试验所需冻融循环次数后，将试件从冻融机内取出，用清水清洗干净后进行立方体抗压及劈裂抗拉强度试验；同时，将下一批需要冻融的试件装入冻融机内进行冻融循环。

1. 立方体抗压强度

本次立方体抗压强度试验方法及操作步骤与前面相关试验相同，其具体步骤详见 2.2.3 节。

混凝土立方体抗压强度计算值应精确至 0.1 MPa。每组试件以 3 个试件测值的算术平均值作为该组试件的强度值（精确至 0.1 MPa）；3 个试件的测值中的最大值或最小值如有一个与中间值的差值超过中间值的 15%，则把最大及最小值一并舍除，取中间值作为该组试件的抗压强度值；如最大值和最小值与中间值的差值均超过中间值的 15%，则该组试件的试验结果无效。计算得到每组试件的抗压强度后，再将 3 组试件的抗压强度进行算术平均，以最后平均值作为第 n（n 分别为 0、25、50、

75)次冻融后的抗压强度。冻融循环后,混凝土的相对抗压强度由式(3-3-1)确定。

$$Q_f = \frac{F_{nf}}{F_{0f}} \times 100\% \qquad (3\text{-}3\text{-}1)$$

式中:Q_f——经 n 次冻融循环后纤维混凝土的立方体相对抗压强度(%),精确至 0.1;

F_{nf}——经 n 次冻融循环后混凝土试件的立方体抗压强度(MPa);

F_{0f}——冻融循环试验前混凝土试件的立方体抗压强度(MPa)。

2. 立方体劈裂抗拉强度

由于实验室电液伺服压力试验机无法直接进行混凝土的劈裂抗拉试验,需要在实验室压力机上增添专用的弧形垫块及支架,如图 3-3-1 所示。

劈裂抗拉强度试验所用垫块为半径 75 mm 的钢制弧形垫块,垫块的长度与试件尺寸相近,垫块横截面尺寸如图 3-3-2 所示。

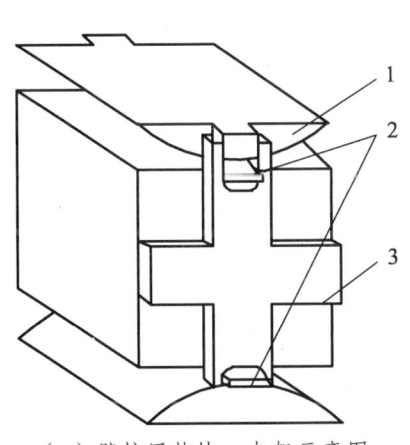

(a)劈拉用垫块、支架示意图　　(b)实验室实物图
1—垫块;2—垫条;3—支架。

图 3-3-1　劈拉试验所用垫块、垫条及支架

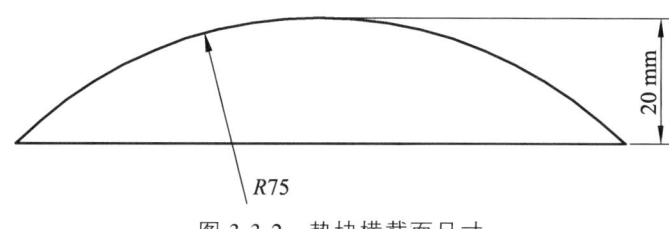

图 3-3-2 垫块横截面尺寸

试验中所用垫条为 3 层胶合板[图 3-3-1(b)],宽度为 20 mm,厚度为 3~4 mm,垫条长度大于试件尺寸,且每次劈裂抗拉试验后更换新的垫条。

(1)劈裂抗拉试验步骤

① 待试件从冻融机内取出清洗干净后及时进行试验,将试件表面与上下承压板面及垫块擦拭干净。

② 将试件放在压力试验机下压板的中心位置,劈裂承压面和劈裂面与试件成型时的顶面垂直(图 3-3-3);在上、下压板与试件之间垫以圆弧形垫块及垫条各一条,垫块与垫条与试件上、下面的中心线对准并与成型时的顶面垂直。

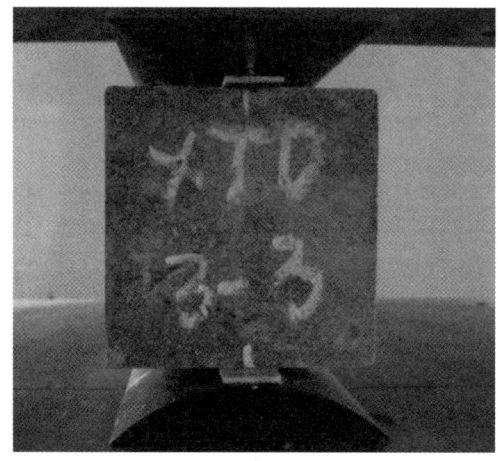

图 3-3-3 加载前装样

③ 降低试验机上压板,当上压板快接触上垫块时停止手动降低,改用压力机程序以 0.1 mm/min 的速度进行位移加载,当上压板与垫块均匀接触

后，停止位移加载，改用力加载方式，加压速率为 0.05 MPa/s，至试件破坏时，停止加载，并记录破坏荷载。

（2）劈裂抗拉试验数据处理

按照上述的步骤完成劈裂抗拉试验后，试件的劈裂抗拉强度按式（3-3-2）计算。

$$f_{ts} = 0.85 \times \frac{2F}{\pi A} = 0.85 \times 0.637 \frac{F}{A} \qquad (3\text{-}3\text{-}2)$$

式中：f_{ts}——混凝土劈裂抗拉强度（MPa）；

F——试件破坏载荷（N）；

A——试件劈裂面面积（mm²）。

式中乘以 0.85 的系数是由于本次试验采用了 100 mm×100 mm×100 mm 的非标准试件。劈裂抗拉强度计算精确至 0.01 MPa。

每组劈裂抗拉强度试件以 3 个试件测值的算术平均值为该组试件的强度值（精确至 0.01 MPa），3 个测值中的最大值或最小值如有一个与中间值的差值超过中间值的 15%，则把最大及最小值一并舍除，取中间值作为该组试件的劈裂抗拉强度值；如最大值和最小值与中间值的差值均超过中间值的 15%，则该组试件的试验结果无效。计算得到每组试件的劈裂抗拉强度后，再将 3 组试件的抗压强度进行算术平均，以最后平均值作为第 n（n 分别为 0、25、50、75）次冻融后的劈裂抗拉强度，并由此计算冻融后混凝土的相对劈裂抗拉强度。冻融循环后，混凝土的相对劈裂抗拉强度由式（3-3-3）确定。

$$f'_{ts} = \frac{f_{tsn}}{f_{ts0}} \times 100\% \qquad (3\text{-}3\text{-}3)$$

式中：f'_{ts}——经 n 次冻融循环后纤维混凝土的立方体相对劈裂抗拉强度（%），精确至 0.1；

f_{tsn}——经 n 次冻融循环后混凝土试件的立方体劈裂抗拉强度（MPa）；

f_{ts0}——冻融循环试验前混凝土试件的立方体劈裂抗拉强度（MPa）。

3.3.3 试验结果与分析

1. 纤维混凝土立方体相对抗压强度

同前面所做试验相似，冻融前后试件的破坏模式相近，即在试件接近破坏时，试件高度的中央、靠近侧表面的位置首先出现竖向裂缝（冻融后期会出现一些微量的横向裂缝），并逐渐扩展、延伸，最终形成正倒相接的四角锥破坏形态。图 3-3-4 为试件破坏前后的形态。图 3-3-5 为纤维混凝土在经历 n 次冻融循环后，立方体受压的典型力-位移曲线。

（a）冻融 0 次时试件破坏前后

（b）冻融 25 次时试件破坏前后

（c）冻融50次时试件破坏前后

（d）冻融75次时试件破坏前后

图3-3-4　不同冻融循环次数后试件破坏前后对比

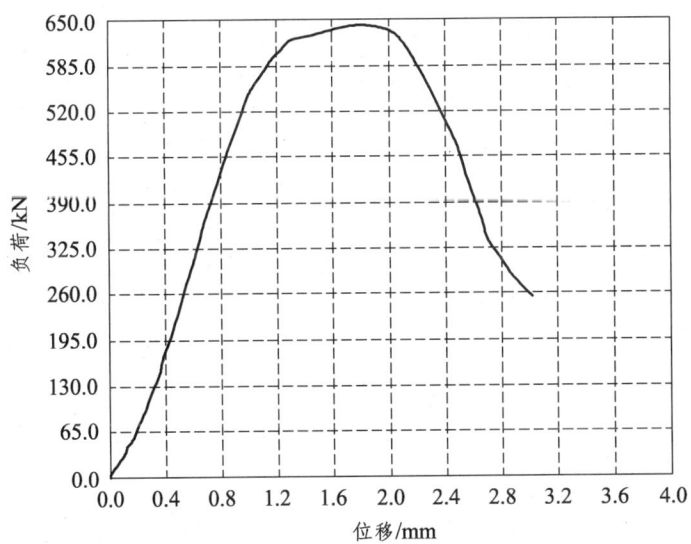

（a）冻融0次时XF0-3-1试件受压的力-位移曲线

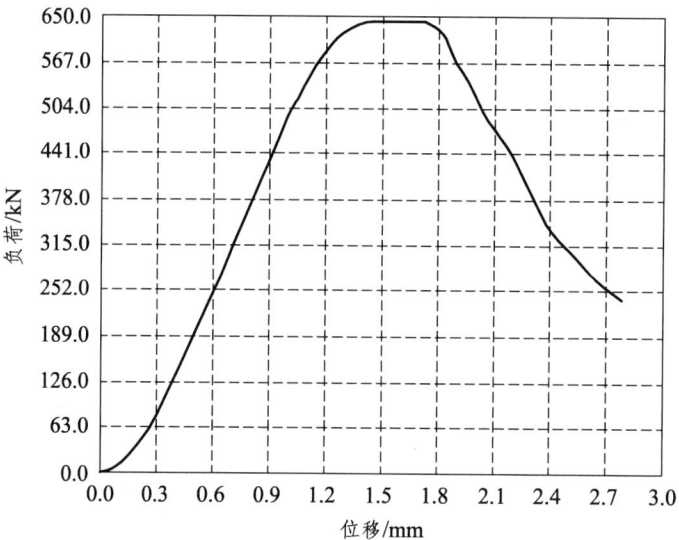

(b) 冻融 25 次时 XF25-2-1 试件受压的力-位移曲线

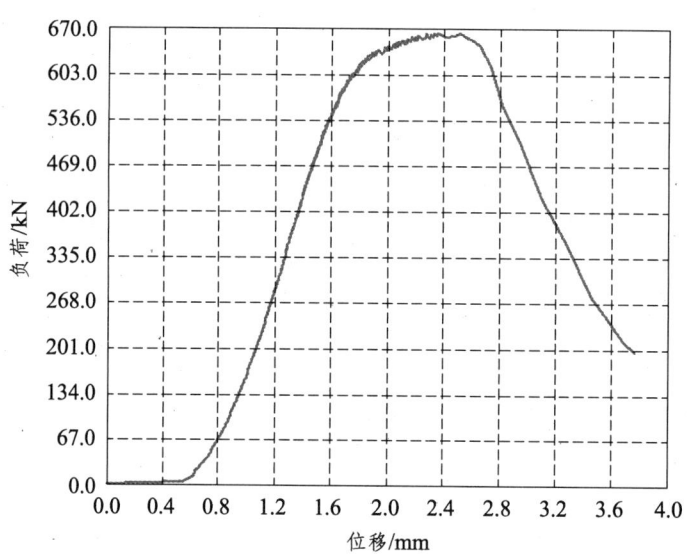

(c) 冻融 50 次时 XF50-1-1 试件受压的力-位移曲线

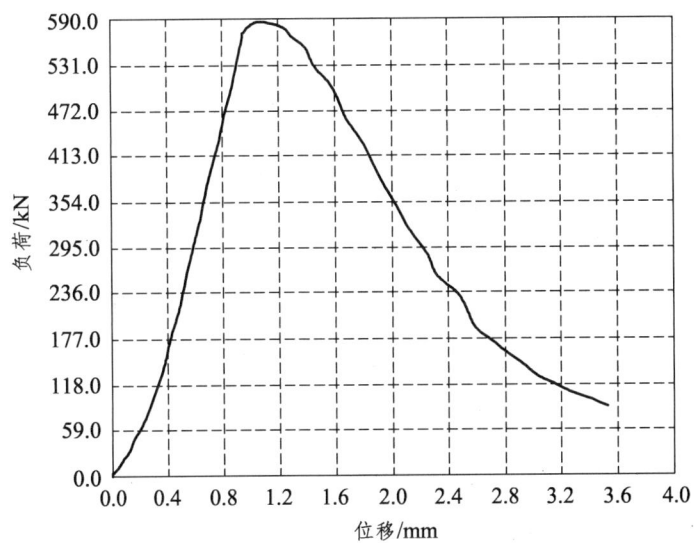

(d) 冻融 75 次时 XF75-1-2 试件受压的力-位移曲线

图 3-3-5　纤维混凝土受压时的力-位移曲线

由图 3-3-5 可知，随着冻融循环次数的增加，混凝土试件在达到峰值强度后，试件的下降段更长，这主要是由于冻融循环作用后，试件内部的孔隙结构更加发达，而纤维又与水泥浆体间有较强的黏结能力，能够使彼此共同作用，从而在一定程度上阻止了裂纹的生长，提高了混凝土的延性。

表 3-3-3 给出了经 n 次冻融循环作用后，纤维混凝土的相对抗压强度。

表 3-3-3　纤维混凝土相对抗压强度

冻融循环次数/次	0	25	50	75
相对抗压强度/%	100	100.3	100.8	97.9

为了更加直观，将相对抗压强度用柱状图表示，如图 3-3-6 所示。

由表 3-3-3 及图 3-3-6 可知，纤维混凝土在经历 25 次和 50 次冻融循环后，混凝土试件的抗压强度不但没有明显下降，反而比冻融循环前略微提高了一点，其提高幅度分别为 0.3%和 0.8%。但这不能代表随着冻融循环次数的增加立方体抗压强度有所增长,而是由于混凝土试件在浇筑时,其本身便存在着较大的离散性,当冻融循环次数较小时,混凝土的离散性所带来的影响也就越明显,从而出现图 3-3-6 所示的情况。

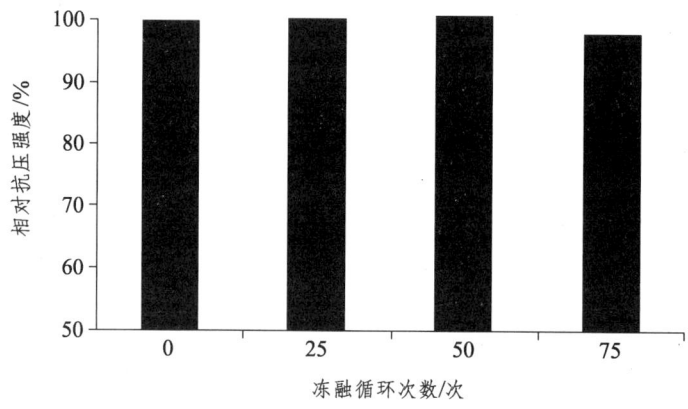

图 3-3-6　纤维素纤维混凝土（0.9 kg/m³）相对抗压强度

由图 3-3-6 可知,当冻融循环次数较少时(小于 50 次),由于冻融循环作用而对混凝土的强度所带来的影响很小,而不足以抵消混凝土本身的离散性或其他不确定性。当冻融循环次数进一步增加时,由于冻融作用影响使混凝土抗压强度劣化的现象逐渐体现出来,由表 3-3-3 可知,冻融循环次数达到 75 次后,混凝土立方体抗压强度出现了劣化,相比冻融前其强度下降了约 2.1%。这也进一步说明,在冻融循环初期,由于冻融循环作用的影响而导致混凝土抗压强度降低的幅度很小,其强度几乎不受影响。

2. 纤维混凝土立方体相对劈裂抗拉强度

当混凝土试件受到劈拉荷载时,在加载初期,试件表面无明显变化,当所加荷载接近峰值强度时,试件中央迅速出现一条竖向裂缝,并迅速贯通整个截面,从而使试件突然发生破坏。图 3-3-7 为经 n 次冻融循环后,混凝土破坏前后的情况。

(a)冻融 0 次时试件破坏前后情况

 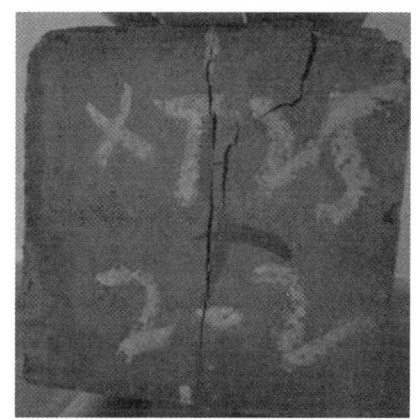

(b)冻融 25 次时试件破坏前后情况

(c)冻融 50 次时试件破坏前后情况

（d）冻融 75 次时试件破坏前后情况

图 3-3-7　纤维素纤维混凝土劈裂抗拉破坏形态

图 3-3-8 为纤维混凝土在经历 n 次冻融循环后，立方体受劈拉荷载作用时的力-位移曲线。

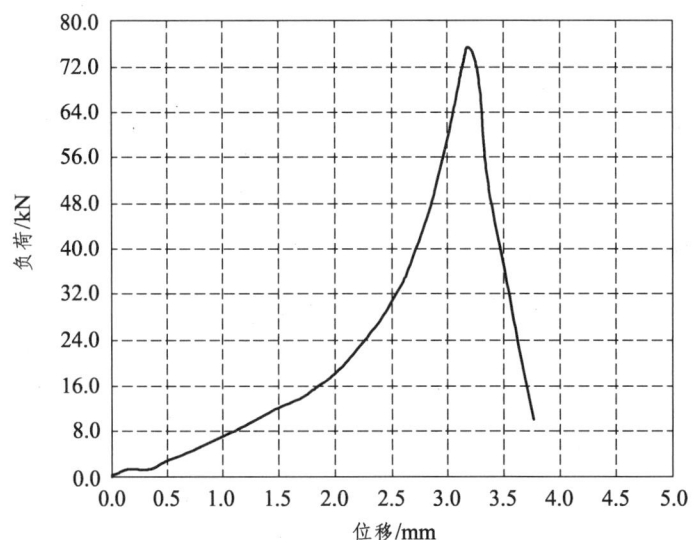

（a）冻融 0 次时 XT0-1-2 试件受劈拉荷载作用的力-位移曲线

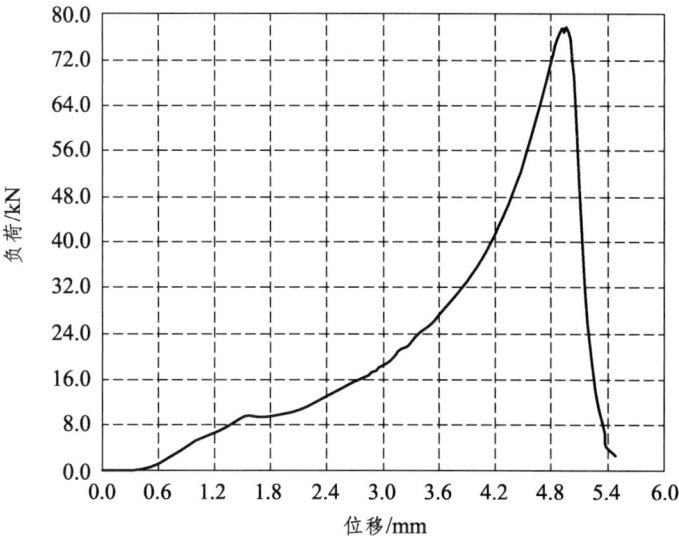

（b）冻融 25 次时 XT25-1-1 试件受劈拉荷载的力-位移曲线

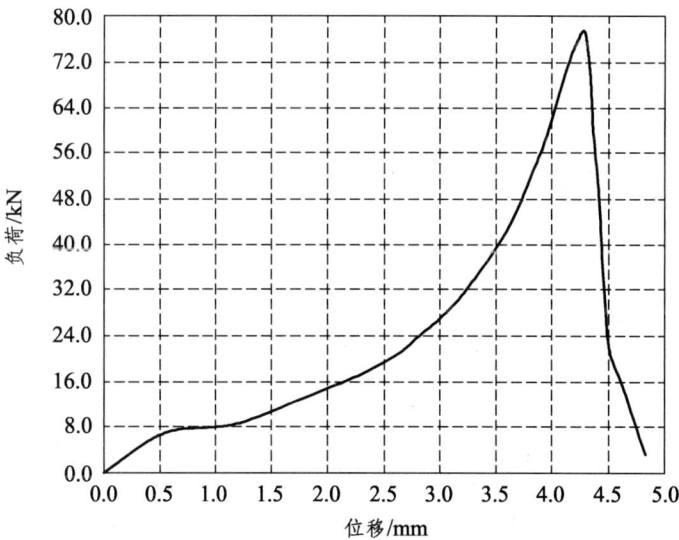

（c）冻融 50 次时 XT50-1-1 试件受劈拉荷载的力-位移曲线

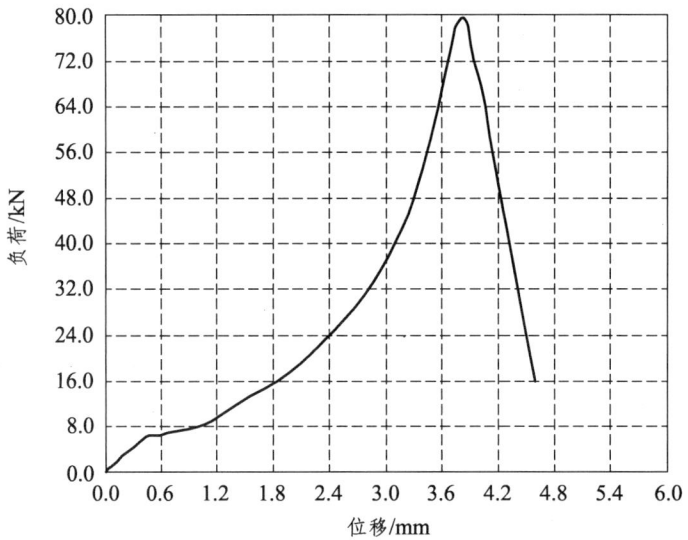

(d) 冻融 75 次时 XT75-3-1 试件受劈拉荷载时的力-位移曲线

图 3-3-8　纤维素纤维混凝土受劈抗作用时的力-位移曲线

由图 3-3-8 可知，混凝土受劈拉作用时，当荷载达到峰值强度后，裂缝迅速扩展，试件呈脆性突发破坏。

表 3-3-4 给出了经 n 次冻融循环作用后，纤维混凝土的相对劈裂抗拉强度。

表 3-3-4　纤维混凝土相对劈裂抗拉强度

冻融循环次数/次	0	25	50	75
相对抗压强度/%	100	93.8	93.3	90.6

为了更加直观，将相对抗压强度用柱状图表示，如图 3-3-9 所示。

由表 3-3-4 及图 3-3-9 可知，相比混凝土的相对抗压强度，混凝土的相对劈裂抗拉强度对冻融循环次数更加敏感，这可能是由于冻融作用在混凝土内部形成了许多新的空隙，并降低了纤维与水泥浆体之间的黏结情况。

这一过程对混凝土抗压影响并不明显,但却对劈裂抗拉强度影响较大。随着冻融循环次数的增加,纤维素纤维混凝土的相对劈裂抗拉强度随之降低,但降低幅度与冻融循环次数并不成直线关系。冻融循环次数达到 25 次时,混凝土的相对劈裂抗拉强度下降最多,约比冻融循环前降低了 6.2%。而当冻融循环次数由 25 次增大到 50 次时,混凝土的相对劈裂抗拉强度的下降幅度却很小,约比冻融前降低了 6.7%,比 25 次冻融循环后降低了 0.5%。当冻融循环次数达到 75 次时,混凝土的相对劈裂抗拉强度持续降低,约比冻融前降低 9.4%,比 50 次冻融循环后降低 2.7%。这一现象同纤维混凝土在冻融循环作用下相对动弹性模量与冻融循环次数的关系相类似,即冻融初始,混凝土存在瞬时劣化,而后进入一个相对平稳的阶段,直至冻融循环达到一定次数后,再进入加速破坏阶段。

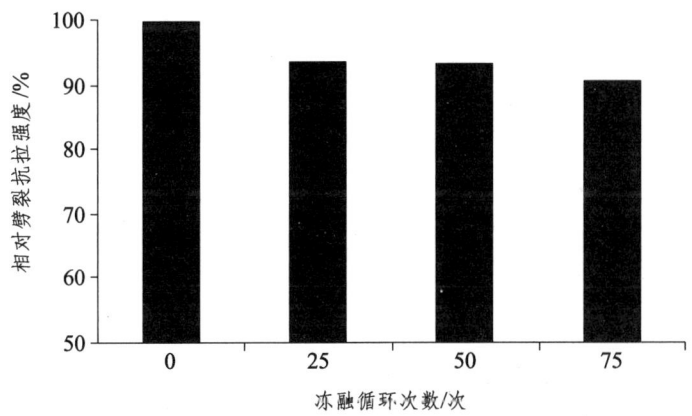

图 3-3-9 纤维素纤维混凝土（0.9 kg/m³）相对劈裂抗拉强度

3.3.4 小 结

经过对混凝土立方体试件在冻融循环 n 次后,进行抗压强度及劈裂抗拉强度测试,可得到如下结论:

（1）冻融循环初期,冻融作用对混凝土立方体抗压强度影响较小,但对劈裂抗拉强度影响较大。

（2）冻融循环初期,冻融循环次数对混凝土抗压强度几乎没有影响,

75次冻融循环后，其抗压强度仅下降了 2.1%。

（3）随着冻融循环次数的增加，混凝土的劈裂抗拉强度持续下降，且与混凝土的相对动弹性模量具有类似的规律，即存在瞬态下降、稳定平缓下降、加速下降段；75次冻融循环后，纤维混凝土劈裂抗拉强度下降约 9.4%。

【第4章】>>>>
现场试验研究

目前，国内外学者基于室内快速冻融循环试验已累积了大量有关混凝土的冻融循环试验数据，但由于现场的冻融环境与室内冻融机内的冻融环境具有明显的差异，因此室内冻融试验得到的标准数据一般难以直接用于预测现场混凝土的抗冻耐久性。混凝土冻融破坏除受冻融循环次数及饱水度的影响，还受如冰冻降温速率、冰冻时长、最低冰冻温度等环境的个体差异影响，个体差异中又以冰冻降温速率最为重要。而目前规范中给出的抗冻等级，只是一个定性的指标，不能定量化地说明混凝土结构的抗冻耐久性寿命问题。因此，通过室内外试验对比，研究建立室内外抗冻性的关系，对于混凝土结构的定量化设计、工程的安全设计与运行具有重要意义。

因此，本系列试验主要是在现场环境下进行冻融循环试验，为后期建立室内外冻融关系奠定基础。

4.1 现场环境及试件制作

本次试验主要在剪子湾山及脱洛拉卡山隧道进行，试验所用纤维混凝土配合比及试件制作方法与 3.1.1 节相同。根据本次试验的目的，拟设试验试件的尺寸、个数如表 4-1-1 所示。

表 4-1-1　试验试件概况

试件编号	剪子湾山试件		脱洛拉卡山试件		合计/个
	试件尺寸/cm	试件个数/个	试件尺寸/cm	试件个数/个	
S	10×10×40	0	10×10×40	3	3
J0.6	10×10×40	3	10×10×40	3	6
J0.9	10×10×40	3	10×10×40	3	6
J1.2	10×10×40	3	10×10×40	3	6
J1.5	10×10×40	3	10×10×40	3	6
P0.6	10×10×40	3	10×10×40	3	6
P0.9	10×10×40	3	10×10×40	3	6
P1.2	10×10×40	3	10×10×40	3	6
P1.5	10×10×40	3	10×10×40	3	6
X0.6	10×10×40	3	10×10×40	3	6
X0.9	10×10×40	3	10×10×40	3	6
X1.2	10×10×40	3	10×10×40	3	6
X1.5	10×10×40	3	10×10×40	3	6

图 4-1-1 为现场冻融循环试验试件。

（a）剪子湾山隧道冻融试件

(b)脱洛拉卡山隧道冻融试件

图 4-1-1　现场冻融循环试件

4.2　试验设备及方法

本次试验所用试件待脱模养护至规定龄期后,利用混凝土动弹性模量测定仪对其进行初始横向基频测试,所用设备(设备参数见 3.1.2 节)及测试方法如图 4-2-1 所示。测试完成后,将冻融试件放置于现场含水较为丰富的场地,使其在自然环境下进行冻融循环,当经历一段时间后,再次对其进行横向基频测试。

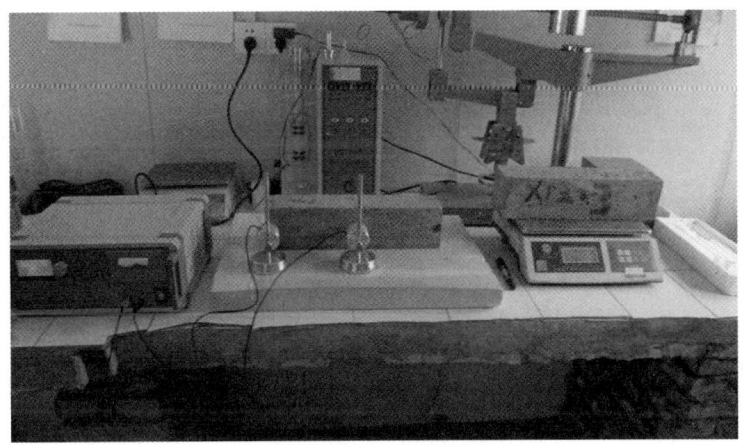

(a)初始横向基频测试

(b)冻融后横向基频测试

图 4-2-1 冻融前后混凝土横向基频测试

4.3 现场冻融循环试验结果与分析

由于在现场环境下,试件长时间置于野外,后期测试时许多试件因为标签脱落、编号模糊或被他人挪为他用等因素,导致后期测试时很多组试件均未能测出其横向基频,仅有少部分试件同时测得了冻融前后基频,得到了纤维混凝土的相对动弹性模量变化情况。因此,本节仅列出已有的相对动弹性模量试件组,如表 4-3-1、表 4-3-2 所示。

表 4-3-1 剪子湾山隧道冻融循环试件相对动弹性模量

试件编号	P1.2	X0.6	X0.9	X1.2
相对动弹性模量/%	95.9	97.3	98.7	96.6

表 4-3-2 脱洛拉卡山隧道冻融循环试件相对动弹性模量

试件编号	P0.6	P1.5	X1.2	X1.5
相对动弹性模量/%	99.2	95.9	98.0	97.9

由表 4-3-1、表 4-3-2 可知,剪子湾山和脱洛拉卡山隧道处试件的相对动弹性模量经历一段时间后,其相对动弹性模量均有所下降,但下降幅度(1%~4%)较小,且不同试件间下降幅度差异较大。

【第 5 章】>>>>
纤维混凝土冻融损伤理论

混凝土在浇筑成型后，其内部便存在着许多微小的孔裂隙，当环境温度降低混凝土结构受冻时，这些原生孔裂隙中的自由水将会结冰膨胀，从而迫使内部未受冻水分发生迁移，这必然在混凝土内部形成压力。当局部某些压力大于混凝土材料的抗拉强度后，局部孔隙将会逐渐增大或萌生新的孔隙，同时内部微裂纹也将扩展、延伸。当环境温度升高，混凝土内部结冰体逐渐融化，由于受冻产生的压力也渐渐消失，混凝土内部分孔隙、微裂纹得以闭合，但一般难以回到初始状态。随着冻融循环次数的增加，混凝土反复经受压力升高—降低的过程，其孔隙逐渐增多、扩大，微裂纹逐渐扩展、连通，最终导致混凝土结构破坏。

在混凝土中掺入纤维后，纤维在混凝土中呈三维乱向分布彼此粘连，能够一定程度上起到承托的作用，抑制混凝土硬化前连通裂缝的产生，避免连通毛细孔形成，同时纤维还可以挤压砂浆内部的毛细管，或将其阻塞，水分在内部迁移将会更加困难。因此，乱向分布的微细纤维的交错搭接，一方面阻碍了混凝土在搅拌、成型过程中内部空气的溢出，使混凝土的含气量增大，这些气泡在水泥浆体中形成许多彼此不连通的微细孔隙，从而为混凝土因受冻融作用而形成的压力提供释放空间，一定程度上降低了其内部压力，提高了混凝土的抗冻性能；另一方面，细小的纤维与水泥浆体彼此握裹在一起，由于纤维一般具有较高的抗拉强度，其与混凝土的共同作用能够有效提高混凝土的抗拉强度，阻止裂纹的萌生与扩展,从而提高混凝土的抗冻性。但是也注意到,如果由于纤维本身的性质而使其不能与混凝土较好地胶结在一起,那么纤维表面与水泥浆体间将会形成一个薄弱带,当纤维混凝土受冻时,水分将会沿着纤维长度方向迁移,进一步弱化纤维与水泥浆体间的胶结。此时,纤维不仅不能对混凝土的抗冻性起到积极作用,反而会给水分迁移提供通道,加速混凝土的冻融破坏。

目前,虽然可以通过室内快速冻融循环试验定量研究不同混凝土的抗冻性能,但是该试验往往费时费力,并不能满足当前工程的建设速度。因此,通过室内冻融循环数据,研究混凝土的动弹性模量随冻融循环次数的变化规律,即提出混凝土抗冻耐久性的数学模型对于指导实际工程,减少重复试验具有重要意义。当前国内外学者已提出部分数学模型,但这些模型往往只适用于某些特定的混凝土,其普适性不太好。对于本次试验及依托工程使用的纤维混凝土的抗冻耐久性预测,尚未看见类似报道。因此,本书结合室内冻融循环试验及前人的相关工作,通过对混凝土的冻融损伤变量与冻融循环次数之间的关系进行深入探讨,得出了复合试验规律的纤维混凝土抗冻耐久性寿命预测模型。

5.1 冻融损伤本构模型

5.1.1 冻融损伤度的确定

混凝土内部存在的各种微裂纹或微缺陷可以视为分布于材料内部的一种损伤场,当混凝土受冻融循环作用时,损伤场会不断萌生、扩展,使材料及其结构的强度、刚度下降,材料的剩余寿命减少。混凝土的冻融失效过程实际上是材料内部劣化的过程,而通过混凝土动弹性模量测定仪测得的混凝土的动弹性模量正好能够从宏观上反映这一劣化过程。为了便于分析和测量,假设混凝土的损伤变量在各个方向上的数值均相同,并且以动弹性模量来推测混凝土内部劣化情况,并以此定义冻融损伤度。

在冻融循环作用下,根据损伤力学理论,冻融损伤度由式(5-1-1)定义。

$$D = 1 - \psi = 1 - \frac{E_d}{E_{d0}} \quad (5\text{-}1\text{-}1)$$

式中:D——冻融损伤变量;

ψ——冻融损伤因子;

E_d——经 n 次冻融循环后的纤维混凝土动弹性模量;

E_{d0}——冻融循环前纤维混凝土动弹性模量。

5.1.2 冻融损伤规律描述

通过室内多组纤维混凝土的冻融循环试验研究表明,虽然不同纤维混凝土之间的抗冻性能存在巨大差异,但纤维混凝土的冻融损伤规律却十分相似,且不同混凝土间的冻融损伤变量与冻融循环次数变化规律相近,如图 5-1-1 所示。除聚丙烯纤维混凝土外,其余 3 种混凝土的冻融损伤变量均具有明显的 3 阶段模式,即 $0A$、AB、BC 段。

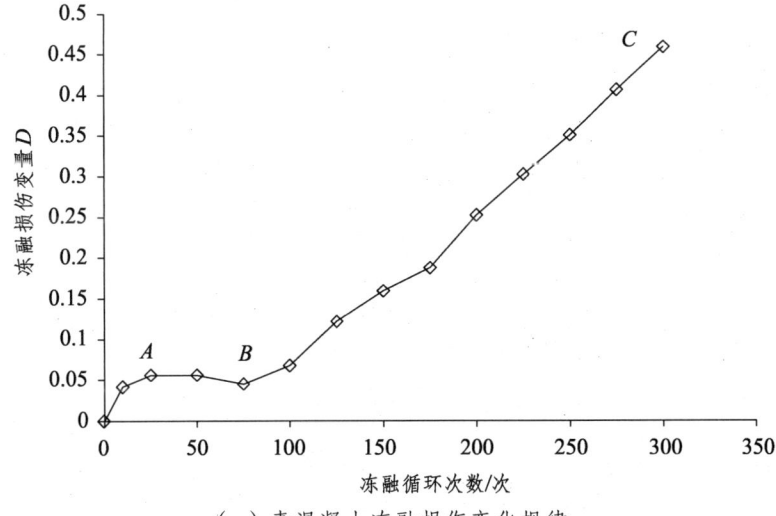

(a)素混凝土冻融损伤变化规律

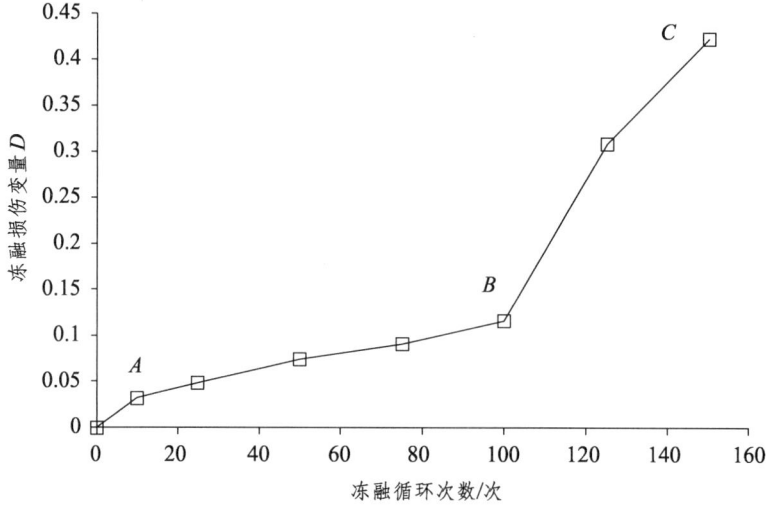

（b）聚丙烯纤维混凝土冻融损伤变化规律

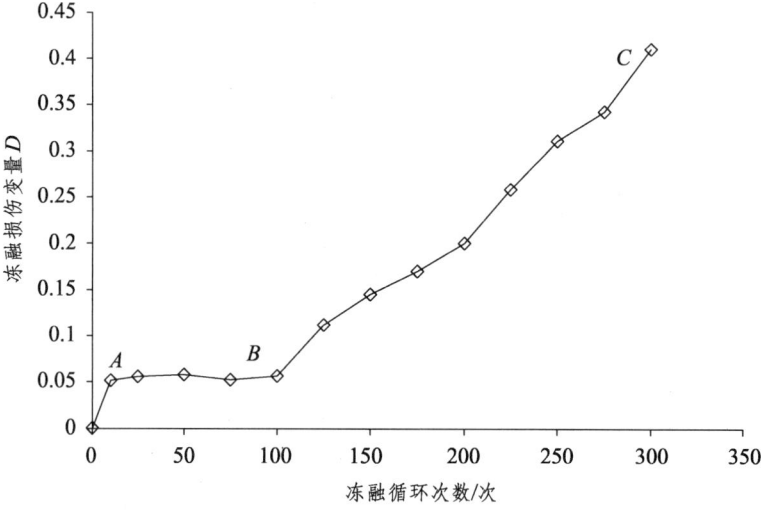

（c）聚乙烯醇纤维混凝土冻融损伤变化规律

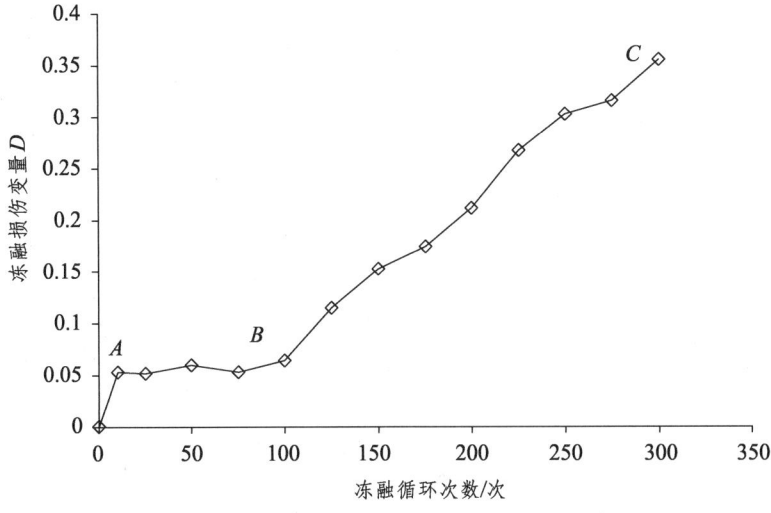

（d）纤维素纤维混凝土冻融损伤变化规律

图 5-1-1　不同混凝土冻融损伤变化规律

由图 5-1-1 可见，在冻融循环次数很少时（OA 段），混凝土的冻融损伤变量便迅速由 0 增至 A 点。从 A 点到 B 点，虽然冻融循环次数不断增加，但冻融损伤变量仅有少量增长，甚至减小，可见在 AB 段混凝土的冻融损伤发展十分缓慢。而当冻融循环达到一定次数后，即曲线中的 BC 段，混凝土的冻融损伤变量迅速增长，直至试件破坏。

究其原因，可能是由于混凝土在浇筑成型后，内部便存在着许多微缺陷，这些微缺陷之间处于将要连通但并未连通的阶段，当受到冻融循环作用后，这些微缺陷迅速发生扩展，形成新的损伤场。但这一过程完了之后，由于混凝土内部微晶移动、堵塞部分水分迁移通道，由于冻融循环作用而引起的水分迁移要进一步促使混凝土内部微缺陷的发展，则需要通过做功逐渐消除这一阻力。然而达到 B 点后，混凝土内部微缺陷及渗水通道都有所增加，混凝土在冻融作用下的破坏速度逐渐加快。为了更好地描述这一变化规律，本文将 OA 段认为是混凝土的"初始冻融损伤段"，AB 段认为是"稳定冻融损伤段"，BC 段认为是"加速冻融损伤段"。

5.1.3 冻融损伤模型建立

罗昕等人通过对冻融条件下混凝土损伤演变与强度之间的关系进行研究，得到了在劣化初始阶段，$\ln(E'_d/E_d)$ 与冻融循环次数 N 呈线性关系，即

$$\ln(E'_d / E_d) = aN \tag{5-1-2}$$

随后贺东青等人根据该规律，并结合冻融损伤变量的定义得到了冻融损伤演化方程，即

$$D = b \cdot e^{cN} \tag{5-1-3}$$

式中：b、c——积分常数。

然而式（5-1-3）并不能较好地描述 5.1.2 节所介绍的冻融损伤变化规律，因此，经过仔细研究数据规律，重新定义了损伤因子的含义，引进初始损伤度 D_0 和临界冻融循环次数 N_0，从而通过损伤度的定义，推出了冻融损伤变量的演化规律。具体推导如下：

假设混凝土在冻融循环前内部便存在损伤，由于 OA 段持续次数很少，故将其引起的损伤也认为是混凝土的初始冻融损伤，定义冻融损伤因子变化率如下：

$$\dot{\psi} = - ae^{a(N-N_0)} \tag{5-1-4}$$

由式（5-1-4）可知，冻融损伤因子变化率与冻融循环次数 N、临界冻融循环次数 N_0、材料和试验条件等不确定因子 a 有关，而且随着冻融循环次数的增加，混凝土的冻融损伤变量增长速度逐渐加快。

对式（5-1-4）在 $N_0 \sim N$ 次冻融循环之间进行积分，可得

$$\psi = -e^{a(N-N_0)} + C \tag{5-1-5}$$

将式（5-1-5）代入式（5-1-1）中，则

$$D = e^{a(N-N_0)} - C + 1 \tag{5-1-6}$$

式中：C——待定常数。

由于在稳定冻融损伤段（AB 段），混凝土的冻融损伤变量增长很小，为了便于简单描述上述规律，可近似认为在临界冻融循环次数 N_0 处，混凝土的冻融损伤变量为初始冻融损伤度 D_0，将其代入式（5-1-6）后，可得

$$D = e^{a(N-N_0)} - 1 + D_0 \tag{5-1-7}$$

式中：a、N_0 及 D_0 需要通过试验进行确定。针对本次冻融循环试验，纤维

混凝土的初始损伤度 D_0 没有太大差异，不同混凝土之间 $D_0 \approx 0.05$。

根据上述分析，得到在全冻融循环阶段内冻融损伤演化方程如式（5-1-8）所示。

$$D = \begin{cases} D_0, & N \leqslant N_0 \\ e^{a(N-N_0)} - 1 + D_0, & N \geqslant N_0 \end{cases} \quad (5\text{-}1\text{-}8)$$

5.1.4 冻融损伤模型验证

图 5-1-2 为冻融损伤演化规律与试验实测值的对比。

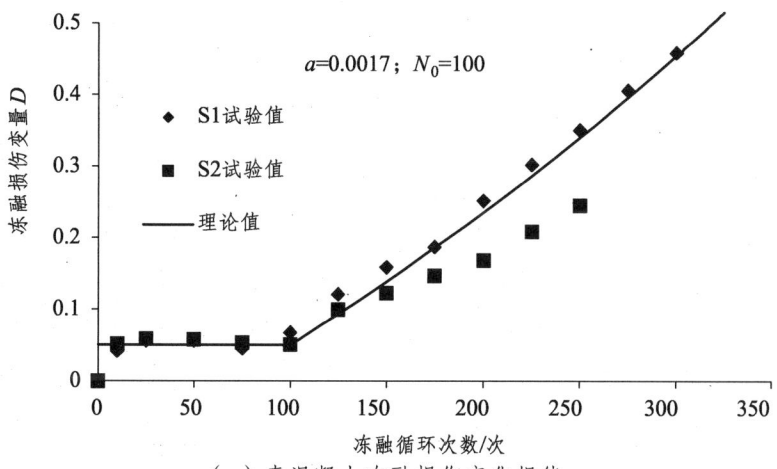

（a）素混凝土冻融损伤变化规律

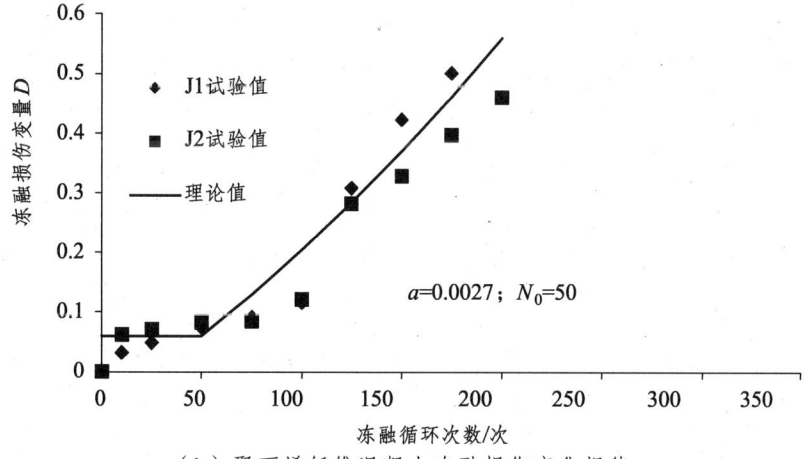

（b）聚丙烯纤维混凝土冻融损伤变化规律

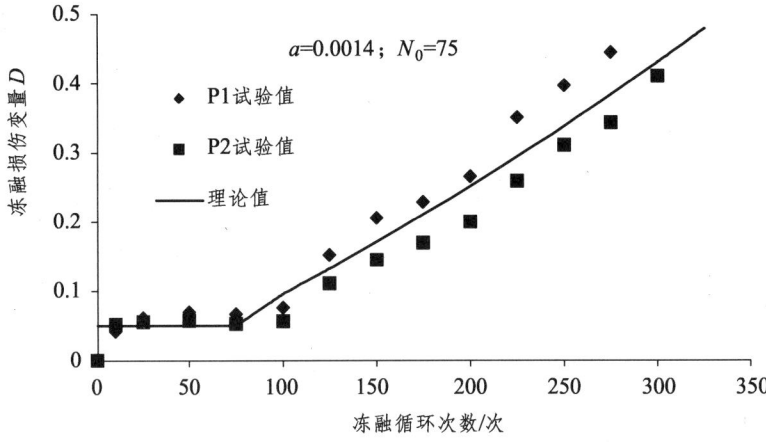

（c）聚乙烯醇纤维混凝土冻融损伤变化规律

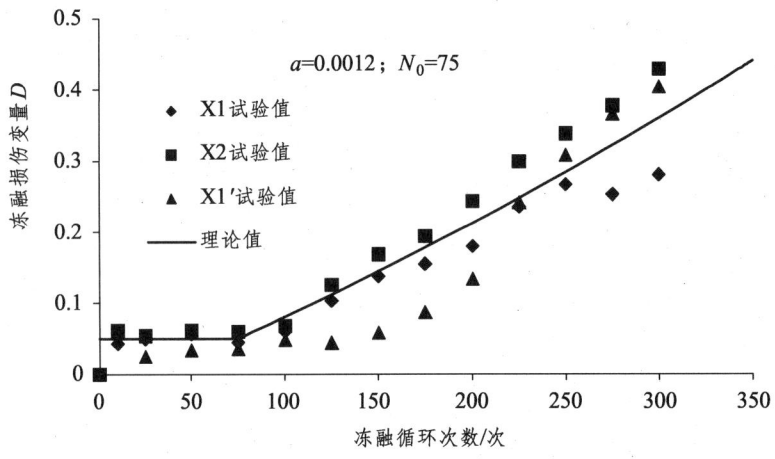

（d）纤维素纤维混凝土冻融损伤变化规律

图 5-1-2　各组纤维混凝土冻融损伤理论值与实测值的对比

由图 5-1-2 可知，除聚丙烯纤维混凝土外，另外 3 种纤维混凝土冻融损伤度随冻融循环次数变化规律均与试验实测值吻合较好。

图 5-1-3 是由上述冻融损伤公式计算得到的各种混凝土的冻融损伤度随冻融循环次数的变化情况。

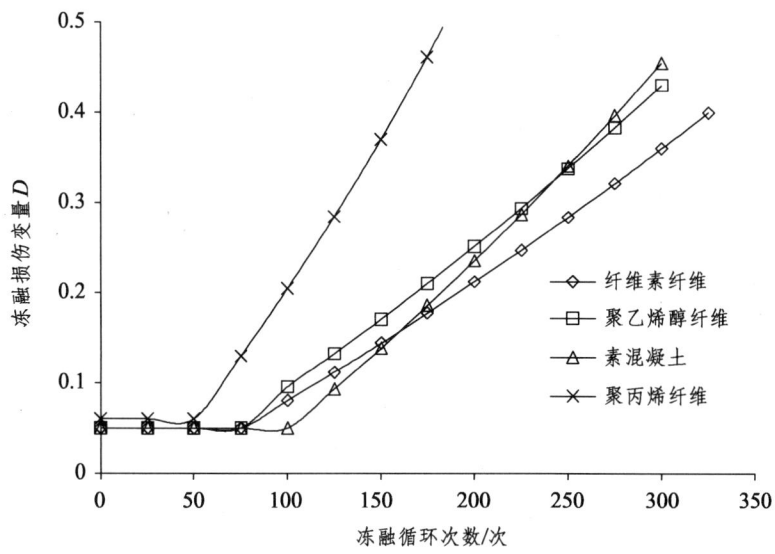

图 5-1-3　各组纤维混凝土冻融损伤理论值与实测值的对比

由图 5-1-3 可知，冻融循环初期，各种混凝土的冻融损伤度差异较小，当冻融循环次数增加到某一值后，各种混凝土之间的差异逐渐体现出来。冻融循环次数约小于 170 次时，纤维素纤维混凝土冻融损伤度略大于素混凝土，但 170 次冻融循环以后，纤维素纤维混凝土的冻融损伤度小于素混凝土。这也表明，冻融循环初期纤维素纤维对混凝土的抗冻性的影响并不显著。当冻融循环次数达到一定值后，纤维素纤维的作用逐渐体现出来。聚丙烯纤维混凝土只经历较少次冻融循环（约 160 次）作用，其冻融损伤度便达到破坏临界值（$D = 0.4$），而素混凝土、聚乙烯醇纤维混凝土、纤维素纤维混凝土分别约经历 275、285、325 次冻融循环后才达到冻融损伤破坏临界值。随着冻融循环次数的增加，素混凝土的冻融损伤度增长速度明显大于纤维素纤维混凝土和聚乙烯醇纤维混凝土。综上所述，4 种混凝土的抗冻性能从高到低约为：纤维素纤维混凝土 > 聚乙烯醇纤维混凝土 > 素混凝土 > 聚丙烯纤维混凝土。

5.2 现场混凝土冻融耐久性预测初探

目前,国内外学者基于室内快速冻融循环试验已累积了大量有关混凝土的冻融循环试验数据,但由于现场的冻融环境与室内冻融机内的冻融环境具有明显的差异,因此室内冻融试验得到的标准数据一般难以直接用于预测现场混凝土的抗冻耐久性。即便能在实验室内模拟出现场气候、水资源等环境,但是针对实际工程结构一般均要求30年甚至100年的耐久年限,室内试验也很难对其进行抗冻耐久性研究。然而混凝土结构的耐久性设计又是不可避免的问题,如果仅采用定性化设计,一般难以指导实际工程,不利于结构的安全耐久运营。因此,通过室内外试验对比,研究建立室内外抗冻性的关系,对于混凝土结构的定量化设计、工程的安全设计与运行具有重要意义。

1996年,以 A. Sarja 和 E. Vesikari 为首的材料及结构实验室国际联合会组织了多个国家的混凝土专家,共同编写了《混凝土结构耐久性设计》一书,初步提出了混凝土耐久性定量化设计方法。国内学者李金玉、刘西拉、武海荣等许多学者从不同的角度对现场混凝土冻融耐久性预测进行了研究。然而这些学者的研究对象主要是普通混凝土或粉煤灰混凝土的耐久性预测,而对于纤维混凝土的冻融耐久性预测却鲜有涉足,因此本书利用室内外对比试验,初步研究了纤维混凝土的耐久性预测,得到了纤维混凝土室内外冻融循环等效关系。

为了便于工程应用,本书选用最为简单的现场混凝土冻融耐久性预测模型,如式(5-2-1)所示。

$$N_{eq} = kN_{act}/S \qquad (5\text{-}2\text{-}1)$$

式中:N_{eq}——现场等效室内冻融循环次数;

N_{act}——现场实际冻融循环次数;

S——室内外冻融循环损伤比例系数;

k——混凝土发生冻融循环时的饱水时间比例系数。

由于实际环境具有多样性,往往很难测得准确值,即便通过几年的测试,其测试值也难以代表当地的实际情况,因此,偏于安全可将式(5-2-1)中的 k 取为 1.0。

通过室内外冻融作用后,得对比试验结果,如表 5-2-1、表 5-2-2 所示。

表 5-2-1　剪子湾山纤维混凝土抗冻性室内外对比试验结果

试件编号	自然冻融循环次数/次	相对动弹性模量/%	相应的室内冻融循环次数/次	室内外损伤比例系数 S
P1.2	130	95.9	无室内试验	—
X0.6	130	97.3	11	11.8
X0.9	130	95.9	8	16.3
X1.2	130	96.6	10	13.0

表 5-2-2　脱洛拉卡山纤维混凝土抗冻性室内外对比试验结果

试件编号	自然冻融循环次数/次	相对动弹性模量/%	相应的室内冻融循环次数/次	室内外损伤比例系数 S
P0.6	131	99.2	无室内试验	—
P1.5	131	95.9	无室内试验	—
X1.2	131	98	14	9.4
X1.5	131	97.9	13	10.1

5.3　小　结

经过对纤维混凝土抗冻防裂机理进行深入分析,通过理论分析和试验研究可得到如下结论:

(1)纤维混凝土的冻融损伤具有明显的 3 阶段模式,即"初始冻融损伤段""稳定冻融损伤段""加速冻融损伤段"。

(2)通过定义冻融损伤因子变化率的关系,推导出冻融损伤演化方程

$$D = \begin{cases} D_0, & N \leqslant N_0 \\ e^{a(N-N_0)} - 1 + D_0, & N \geqslant N_0 \end{cases}$$，并利用该方程与试验结果相对比发现，该方程能够较好地描述纤维混凝土的冻融损伤规律，为预测纤维混凝土的抗冻耐久性提供了新的方法。

（3）通过冻融损伤模型可知，聚丙烯纤维混凝土、素混凝土、聚乙烯醇纤维混凝土、纤维素纤维混凝土分别约经历160、275、285、325次冻融循环后便达到冻融破坏临界值。损伤模型表明，纤维素纤维混凝土的抗冻性能最优，聚丙烯纤维混凝土最差。

（4）通过室内外冻融循环试验对比，纤维混凝土的室内外冻融损伤比例因子为9.4~16.3，为进一步进行隧道结构抗冻耐久性定量化设计奠定了基础。

【第6章】 >>>>
结　论

本书主要通过室内、现场试验和理论分析得到了以下研究结论：

1. 关于纤维种类及掺量对混凝土抗压强度的影响

通过对聚丙烯、聚乙烯醇、纤维素纤维混凝土在不同掺量情况下的立方体抗压强度研究表明：

（1）对于聚丙烯纤维和纤维素纤维混凝土，当纤维掺量在一定范围内时，随着纤维掺量的增加，其抗压强度有所增加，但其增长幅度较小；当纤维掺量超过某一值时，随着纤维掺量的增加其强度反而有所下降。聚乙烯醇纤维混凝土随掺量无明显的规律性变化。

（2）当纤维掺量相同时，不同种类纤维混凝土的抗压强度有所差别，但差异不大。

2. 关于最优纤维种类选取

（1）试验研究表明，素混凝土的坍落度值约为 160 mm。纤维对混凝土和易性有着重要影响，其纤维的掺入均会降低混凝土的坍落度值，但不同类型纤维降低的程度不同，聚丙烯纤维对混凝土的坍落度影响最小，其值约为素混凝土的82%；而聚乙烯醇纤维及纤维素纤维对混凝土的坍落度影响更为明显，其值分别约为素混凝土的42%和41%。

（2）4 种不同类型混凝土抵抗表面剥蚀能力有很大区别，其抵抗表面剥蚀能力由强至弱分别为：纤维素纤维混凝土>聚乙烯醇纤维混凝土>素混凝土>聚丙烯纤维混凝土。

（3）不同类型混凝土的相对动弹性模量数值随冻融循环次数变化情况有所不同，但其变化趋势很相似。试验研究表明，纤维素纤维混凝土相对其他几组混凝土具有更好的抗冻能力，但在冻融初期，纤维改善混凝土的抗冻能力不甚明显，但随着冻融循环的进行，纤维的作用逐渐体现。

（4）通过前期冻融循环试验对比，4 种不同类型混凝土抗冻能力由强至弱分别为：纤维素纤维混凝土>聚乙烯醇纤维混凝土>素混凝土>聚丙烯纤维混凝土。

3. 关于最优纤维掺量

（1）试验研究表明，不同纤维掺量的纤维混凝土均具有较好的和易性，不同纤维掺量对混凝土的坍落度影响较小。

（2）不同纤维掺量对混凝土的抗冻融能力有所影响。研究表明，纤维混凝土的抗冻融能力与纤维掺量大致呈 n 字形关系，当纤维素纤维掺量为 $0.9\ kg/m^3$ 时，纤维混凝土能获得较好的抗冻性能。

4. 关于冻融循环对纤维混凝土力学性能的影响

（1）冻融循环初期，冻融作用对混凝土立方体抗压强度影响较小，但对劈裂抗拉强度影响较大。

（2）75 次冻融循环后，纤维混凝土立方体抗压强度约损失 2.1%，而劈裂抗拉强度却损失近 10%。

5. 关于纤维混凝土的抗冻机理

（1）纤维混凝土的冻融损伤具有明显的 3 阶段模式，即"初始冻融损伤段""稳定冻融损伤段""加速冻融损伤段"。

（2）通过定义冻融损伤因子变化率的关系，推导出冻融损伤演化方程 $D = \begin{cases} D_0, & N \leq N_0 \\ e^{a(N-N_0)} - 1 + D_0, & N \geq N_0 \end{cases}$，并利用该方程与试验结果相对比发现，该方程能够较好地描述纤维混凝土的冻融损伤规律，为预测纤维混凝土的抗冻耐久性提供了新的方法。

（3）通过冻融损伤模型可知，聚丙烯纤维混凝土、素混凝土、聚乙烯醇纤维混凝土、纤维素纤维混凝土分别约经历 160、275、285、325 次冻融循环后便达到冻融破坏临界值。损伤模型表明，纤维素纤维混凝土的抗冻性能最优，聚丙烯纤维混凝土最差。

（4）通过室内外冻融循环试验对比，纤维混凝土的室内外冻融损伤比例因子为 8~16.3，为进一步进行隧道结构抗冻耐久性定量化设计奠定了基础。

参考文献

[1] 陈改新. 混凝土耐久性的研究、应用和发展趋势[J]. 中国水利水电科学研究院学报, 2009, 7 (2): 280-285.

[2] 张鸿雁. 混凝土抗冻耐久性研究[D]. 包头: 内蒙古科技大学, 2009.

[3] 肖治微. 高寒地区混凝土抗冻性试验研究[D]. 重庆: 重庆交通大学, 2010.

[4] 陈杰, 龚子同, 陈志诚, 等. 基于国际冻土分类进展论中国土壤系统分类中冻土纲的恢复与重构[J]. 土壤, 2005, 37 (5): 465-473.

[5] 王海彦, 田岩平. 高寒地区特长公路隧道的抗防冻措施[J]. 石家庄铁路职业技术学院学报, 2006, 5 (1): 38-41.

[6] 崔凌秋, 吕康成, 王潮海, 等. 寒冷地区隧道渗漏与冻害综合防治技术探讨[J]. 现代隧道技术, 2005, 42 (5): 22-31.

[7] 解琦, 徐茂兵. 高寒地区隧道冻害防治及保温设计探讨[J]. 公路, 2012, 5: 325-328.

[8] 孙兵. 寒区隧道冻害等级及其设防等级研究[J]. 铁道标准设计, 2012 (4): 88-92, 98.

[9] 姚伟, 徐林生. 寒区隧道工程的研究现状[J]. 四川建筑, 2012, 31 (4): 118-121.

[10] 陈学峰. 隧道冻害调查及保温防冻技术措施探讨[J]. 铁道标准设计, 2012 (1): 52-55.

[11] 赵楠, 刘冲宇, 伍毅敏, 等. 寒区隧道冻害防治技术研究进展[J]. 北方交通, 2010, 9: 66-68.

[12] 李艺, 赵文. 混杂纤维混凝土阻裂增韧及耐久性能[M]. 北京: 科学

出版社，2012.

[13] COLLINS A R. The destruction of concrete by frost[J]. Journal of the institution of civil engineers，1944，23（1）：29-41.

[14] 刘中林，赵振祥，冯金东. 混凝土冻害研究与防冻施工[M]. 北京：中国建筑工业出版社，2011.

[15] POWERS T C. A working hypothesis for further studies of frost resistance of concrete[J]. Journal of the ACI，1945，16（4）：245-272.

[16] POWERS T C, HELMUTH R A. Theory of volume changes in hardened Portland cement pastes during freezing[J]. Proceedings of the highway research board，1953，32：285-297.

[17] FAGERLUND G. American concrete institute[J]. Durability of concrete，1975，10：13-65.

[18] FAGERLUND G. The critical degree of saturation method of assessing the freeze/thaw durability of concrete[J]. Materials and structures，1977，10（10）：58-66.

[19] LITVAN G G. Frost action in cement paste[J]. Materials and structures，1973，6（34）：293-298.

[20] 唐光普,刘西拉. 基于唯象损伤观点的混凝土冻害模型研究[J]. 四川建筑科学研究，2007，33（3）：138-143.

[21] 洪锦祥，缪昌文，刘加平，等. 冻融损伤混凝土力学性能衰减规律[J]. 建筑材料学报，2012，15（2）：173-178.

[22] HE D Q, LU Z A, REN Z G. Freeze-thaw cycling damage of layered hybrid fiber reinforced concrete [J]. Journal of Henan University（Natural Science），2010，40（1）：96-100.

[23] 刘西拉,唐光普. 现场环境下混凝土冻融耐久性预测方法研究[J]. 岩石力学与工程学报，2007，26（12）：2412-2419.

[24] 李金玉，邓正刚，曹建国，等. 混凝土抗冻性的定量化设计[C]. 大连：第五届全国混凝土耐久性学术交流会论文集，2000：28-38.

[25] MINER M A. Cumulative damage in fatigue [J]. Journal of Applied Mechanics, 1945, 67 (5): A159-A164.

[26] 武海荣,金伟良,延永东. 混凝土冻融环境区划与抗冻性寿命预测[J]. 浙江大学学报(工学版), 2012, 46 (4): 650-657.

[27] SARJA A, VESIKARI E. Durability design of concrete structure[M]. London: E&FN SPON, 1996.

[28] 杨润年. 钢纤维混凝土静力损伤及疲劳损伤研究[D]. 广州: 华南理工大学, 2012.

[29] 刘智林. 基于均匀化理论的钢纤维混凝土等效弹性模量的计算[D]. 湘潭: 湘潭大学, 2012.

[30] 谢晓鹏, 杨广军, 管巧艳, 等. 钢纤维对混凝土抗冻性能影响的实验研究[J]. 混凝土, 2008, 8: 73-75.

[31] MU R, MIAO C W, LUO X, et al. Interaction between loading, freeze thaw cycles, and chloride salt attack of concrete with and without steel fiber reinforcement[J]. Cement and Conceret Research, 2002, 32: 1061-1066.

[32] NIU D T, JIANG L, BAI M, et al. Study of the performance of steel fiber reinforced concrete to water and salt freezing condition[J]. Materials and Design, 2013, 44: 267-273.

[33] 牛荻涛, 姜磊, 白敏. 钢纤维混凝土抗冻性能试验研究[J]. 土木建筑与环境工程, 2012, 34 (4): 80-98.

[34] 高丹盈, 朱海堂, 赵军, 等. 冻融后钢纤维混凝土力学性能的试验研究[J]. 郑州大学学报(工学版), 2005, 26 (1): 1-4.

[35] 高丹盈, 冯虎. 冻融条件下钢纤维混凝土与老混凝土粘结面的劈拉性能[J]. 工业建筑, 2008, 38 (3): 79-83.

[36] 高丹盈, 胡良明, 程红强. 钢纤维混凝土与老混凝土粘结抗冻劈拉性能研究[J]. 水力发电学报, 2007, 26 (6): 52-56.

[37] 徐东宇, 黄世峰, 徐荣华, 等. 碳纤维-水泥基复合材料冻融抗压强

度的研究[J]. 济南大学学报（自然科学版），2005，19（2）：99-102.

[38] 谢永亮，战仕利，王瑞，等. 玄武岩纤维对机场道面混凝土抗冻性能影响研究[J]. 混凝土与水泥制品，2012，12：48-50.

[39] 李文哲，吴永根，李文蕾，等. 玄武岩纤维机场道面混凝土抗冻性试验研究[J]. 科学技术与工程，2013，13（26）：7880-7888.

[40] 何军拥，田承宇. 玄武岩纤维水工高性能混凝土的耐久性研究[J]. 混凝土与水泥制品，2013，5：46-48.

[41] 张自荣，朱坤，石桂梅. 碳纤维玻璃纤维加固钢筋混凝土结构新技术[J]. 长春工程学院学报（自然科学版），2001，2（2）：18-20.

[42] 张勇，卜娜蕊，马国庆. CFRP加固混凝土梁的冻融试验研究[J]. 河北建筑工程学院学报，2012，30（1）：15-17.

[43] 陈建伟，胡海涛，王希宾，等. 玄武岩纤维加固混凝土梁的冻融试验研究[J]. 青岛理工大学学报，2008，29（3）：27-30.

[44] 任慧韬，胡安妮，赵国藩. 冻融循环对玻璃纤维布加固混凝土梁受力性能影响[J]. 土木工程学报，2004，37（4）：104-110.

[45] 苗吉军，曾在平，刘延春，等. 冻融循环下玄武岩纤维加固混凝土构件性能研究[J]. 建筑结构学报，2009，31（S2）：266-314.

[46] 王苏岩，尹晓明，刘林. 冻融环境下CFRP-高强混凝土抗剪性能试验研究[J]. 建筑结构学报，2008，29（S1）：176-180.

[47] 乔匡义. PVA纤维混凝土与普通混凝土的抗渗性能和抗冻性能比较[J]. 科技创新导报，2011，11：9-10.

[48] 姚武,冯炜. 聚丙烯腈纤维高强混凝土抗冻融性能研究[J]. 低温建筑技术，2003，4：1-4.

[49] 程红强,高丹盈. 聚丙烯纤维混凝土冻融损伤试验研究[J]. 东南大学学报（自然科学版），2010，40（S2）：197-200.

[50] RICHARDSON A E，COVENTRY K A，WILKINSON S. Freeze/thaw durability of concrete with synthetic fibre additions [J]. Cold Regions Science and Technology，2012，83-84：49-56.

[51] 王玲，李刚. 纤维混凝土在冻融循环、冻融-氯盐共同作用下的耐久性试验研究[J]. 混凝土，2002，12：43-46.

[52] 刘双，石振武，李兆林，等. 寒区聚丙烯纤维混凝土的抗冻性试验研究[J]. 黑龙江交通科技，2011，6：10-11.

[53] 谢国梁，申向东，贾尚华. 纤维粉煤灰混凝土抗冻性能试验研究[J]. 混凝土，2011，6：102-116.

[54] ZHANG P，LI Q F. Effect of polypropylene fiber on durability of concrete composite containing fly ash and silica fume [J]. Composites，2013，45（1）：1587-1594.

[55] 邓宗才，张永方. 纤维素纤维混凝土抗冻性试验研究[J]. 混凝土与水泥制品，2012，12：44-47.

[56] 邓宗才，张鹏飞，刘爱军，等. 高强度纤维素纤维混凝土抗冻融性能试验研究[J]. 公路，2009，7：304-307.

[57] 张鹏飞. 高强度纤维素纤维混凝土耐久性试验研究[D]. 北京：北京工业大学，2009.

[58] 董祥，沈正. 机场道面纤维混凝土的抗冻性试验[J]. 混凝土与水泥制品，2008，4：45-48.

[59] 孟思宇，左俊卿，王超. 不同纤维混凝土耐久性研究[J]. 粉煤灰综合利用，2013，1：19-24.

[60] 黄功学，赵军，高丹盈. 聚丙烯纤维混凝土冻融后力学性能试验研究[J]. 人民黄河，2009，31（5）：105-108.

[61] 四川省交通运输厅交通勘察设计研究院. 国道318线东俄洛至海子山段改建工程两阶段施工图设计[R]. 成都：四川省交通运输厅交通勘察设计研究院，2010.

[62] 张生. 高寒隧道保温设计研究及热工计算方法初探[J]. 现代隧道技术，2011，48（3）：59-63.

[63] 重庆交通科研设计院. 公路隧道设计规范：JTG D70—2004 [S]. 北京：人民交通出版社，2004.

[64] 中国建筑科学研究院. 民用建筑热工设计规范：GB 50176—1993 [S]. 北京：中国计划出版社，1993.

[65] 中交第二公路勘察设计研究院有限公司. 公路隧道设计细则：JTG/T D70—2010 [S]. 北京：人民交通出版社，2010.